半月谈

反对形式主义
30讲

半月谈杂志社 著

人 民 出 版 社

目　录

序　言

　　基层是整个国家和社会的地基。上面千条线，下面一根针。党和国家各项决策部署，最终都要依靠基层党员干部穿针引线、落到实处。

　　长期以来，广大基层干部奋斗在第一线，晴天一身汗、雨天一身泥，为党和国家各项事业发展作出重要贡献。与此同时，基层干部也面临着各种形式主义的困扰，比如上午发通知下午要反馈、督察检查频繁、滥用问责、处处留痕、文山会海、材料论英雄、用形式主义纠正形式主义，等等。这些情况，让基层干部不胜其烦，严重影响了工作的开展。

　　作为中宣部委托新华社主办的重要党刊《半月谈》，面向基层、贴近群众是我们的优势。最近 3 年，半月谈围绕基层干部的痛点、基层群众的堵点、基层治理的难点，刊发了 200 余篇有关形式主义的报道。

　　这些报道全都是深入基层一线，与基层干部面对面，走出来、聊出来的。在这一过程中，有的记者与乡镇干部打成一片，或全程跟踪采访数天，或邀请喝茶聊天，或办公室促膝谈心，获取了大量平时他们不愿说、不敢说的真实情况。

基于对半月谈记者的高度信任,有的干部大胆说出"一年中有200多天在迎接、陪同检查,有时候这个检查组还没走,另一个又来了";有的自揭家丑,讲自己"在一次会议中如何频繁更换电子条幅的会议标题来拍照留痕"。鲜活的事例,精彩的表述,充分体现了记者践行"四力"的良好成效。

半月谈一篇篇反映基层形式主义、官僚主义的报道,为基层鼓与呼,既推动了一些实际问题的解决,也营造了全社会关注基层现状、倾听基层干部心声、关心基层治理进步的社会舆论环境。

对基层面临的形式主义困扰,习近平总书记也明察秋毫、见微知著,一针见血地指出:"很多形式主义问题,占用基层干部大量时间、耗费大量精力,这种状况必须改变!"

什么是形式主义? 对此,习近平总书记曾有入木三分的深刻分析:"形式主义实质是主观主义、功利主义,根源是政绩观错位、责任心缺失,用轰轰烈烈的形式代替了扎扎实实的落实,用光鲜亮丽的外表掩盖了矛盾和问题。"

形式主义把内容和形式的关系本末倒置,成为影响工作开展的一大顽疾。形式主义、官僚主义不仅是作风问题,而且是政治问题,严重影响党中央决策部署的贯彻落实,损害党中央权威、破坏党的形象,长此以往还会动摇党的执政根基。"形式主义、官僚主义同我们党的性质宗旨和优良作风格格不入,是我们党的大敌、人民的大敌。"习近平总书记掷地有声的话语,为全党指明了方向。

2020年是全面建成小康社会和"十三五"规划收官之年,我们要实现第一个百年奋斗目标。当此决胜攻坚期,更需要各级领导干部坚定信心、勇于担当,坚决克服形式主义、官僚主义,充分调动广大干部群众的积极性主动性创造性。

前不久，中共中央办公厅发出《关于持续解决困扰基层的形式主义问题为决胜全面建成小康社会提供坚强作风保证的通知》，充分表明了党中央对于加强作风建设，坚决整治形式主义的坚定意志。

为了让广大干部群众对于形式主义表现有更为全面透彻的了解，对形式主义的危害有更为直观深切的认识，我们结合报道案例编写了这本《反对形式主义30讲》，希望对广大干部群众有所帮助、有所启发。

我们坚信，随着持续解决形式主义突出问题，深化拓展为基层减负工作，一定能凝聚起广大党员干部决战决胜的磅礴力量，以优良作风化解前进中的各项难题。

半月谈杂志社总编辑　叶俊东

2020年5月8日

1

读懂中央文件背后的深意

形形色色的形式主义

"迎检大战"

"表格抗疫"

抗疫工作

鼓劲式会议

作秀留痕

基层干部

干扰 　　　　　　　　　　　　新华社发　朱慧卿 作

2020 年 4 月 14 日，新华社播发了一份十分重要的文件，即中共中央办公厅印发的《关于持续解决困扰基层的形式主义问题为决胜全面建成小康社会提供坚强作风保证的通知》（以下简称《通知》)。基层干部，尤其是广大扶贫干部很振奋。有的基层干部第一时间就转发了文件，并点评说：很及时，很必要！

体现出一抓到底的决心

关注基层形式主义的读者可能有印象，这不是中办第一次发文要求解决这一问题。

确实如此。2019 年 3 月，中共中央办公厅就印发了《关于解决形式主义突出问题为基层减负的通知》，在广大党员干部中引起热烈反响。

一年多时间来，习近平总书记始终把解决基层形式主义突出问题作为一项重要工作放在心头，在各个场合反复强调、深入部署。

在 2019 年年初召开的中央纪委三次全会上强调：要把力戒形式主义、官僚主义作为重要任务，拿出有效管用的整治措施。

2019 年 7 月在中央和国家机关党的建设工作会议上专门指出："对困扰基层的形式主义问题进行一次排查起底""切实把基层干部从一些无谓的事务中解脱出来"。

最近在浙江、湖北考察时仍然强调，"要聚焦形式主义、官僚主义问题开展全面检视、靶向治疗，切实为基层减负，让干部有更多时间和精力抓落实""要坚决反对形式主义、官僚主义，让基层干部把更多精力投入到疫情防控第一线"。

这体现了习近平总书记一抓到底的工作作风，也折射出治理基层形式主义问题的极端重要性。

因为，任何宏大的蓝图、完备的战略部署、各种方针政策措施，归根结底，都需要在基层落地，由基层干部来落实，让基层群众有获得感、有满意度。如果基层形式主义严重，基层干部疲于应付，那中央的部署就很可能落空或者打折扣。

全面建成小康社会决不能打折扣。习近平总书记要求：高质量打赢脱贫攻坚战，确保全面建成小康社会圆满收官，得到人民认可、经得起历史检验。

今年是全面建成小康社会的收官之年，全面脱贫的决胜之年，又正在经历一场罕见疫情的考验，做好各项经济社会发展工作难度加大，一些地方脱贫攻坚工作面临新的挑战。这时候稍一松劲，就可能出现对付了之、虚假脱贫等形式主义问题。这是决不能容许的。

因此，中办此时印发《关于持续解决困扰基层的形式主义问题为决胜全面建成小康社会提供坚强作风保证的通知》，很有针对性必要性，其重要意义需要深刻领会。

中央办公厅有关负责人就《通知》有关情况接受记者专访时明确提出了三大意义。

第一，这是统筹推进疫情防控和经济社会发展工作的现实需要。第二，这是深化拓展基层减负工作、关心关爱基层干部的重要举措。第三，这是充分调动广大党员、干部积极性主动性创造性，实现决胜全面建成小康社会、决战脱贫攻坚目标任务的迫切要求。

形式主义问题仍存

毫无疑问，在中央的直接部署与推动之下，2019 年以来，解决基层形式主义突出问题取得了有目共睹的成效。

《通知》指出，党中央确定 2019 年为"基层减负年"，着力解决困扰基层的形式主义问题，让基层干部轻装上阵，取得明显成效。概言之，这种成效主要体现在以下几个方面。

一是解决基层形式主义问题、为基层减负已经深入人心，成为许多干部的思想自觉和行动自觉。采访中，经常有基层干部按照中央要求对照当地工作，检查形式主义问题是否严重，有则改之，无则加勉。

二是精文减会、规范督查检查考核等给基层带来了实实在在的获得感。一些基层干部反映，现在开会发文比以前少了，有更多时间精力做一些实实在在的工作了。

三是采取措施激励干部担当作为，干部队伍精神状态有所改观。比如，各地切实防止问责泛化简单化，《中国共产党问责条例》也做了修订，不少基层干部反映，感觉相关部门问责更慎重、更精准了，这让基层干部心里很踏实。

当然，有了这些成效，不代表问题都解决了。

在不少地方，基层形式主义问题仍然严重。中央对此有清醒认识。习近平总书记强调，形式主义官僚主义之弊非一日之寒，从根子上减轻基层负担也非一日之功。

中办有关负责人此次在答记者问时也明确指出，一些困扰基层的形式主义问题依然存在，有的十分顽固，还出现了一些新动向新表现。

比如，形式主义官僚主义产生的思想根源远未根除，少数干部没有牢固树立正确的政绩观，贯彻新发展理念还想不清楚、弄不明白、做不到位；不担当不作为现象仍然在一定范围存在，干工作疲疲沓沓、拖拖拉拉，遇问题推诿扯皮、报喜不报忧，甚至弄虚作假、欺上瞒下。

又比如，一些形式主义现象改头换面、隐形变异，发文件红头改白头、正式改便笺，同一议题会议层层重复开，过多要求基层提供视频图片资料作为工作佐证，调研扎堆流于形式干扰基层工作，以"属地管理"为由搞责任"甩锅"，等等。

这些问题，中办有关负责人一一点出，而不是笼统带过，也传递了一种决心和信心：中央一定会持之以恒地解决困扰基层的形式主义问题，为决胜全面建成小康社会、决战脱贫攻坚提供坚强作风保证。

八条干货

怎么办？《通知》就是针对上述问题提出办法，八条干货，罗列如下：

一、持续筑牢克服形式主义官僚主义的思想政治根基。

二、坚决纠治贯彻落实党中央决策部署中的形式主义问题。

三、切实防止文山会海反弹回潮。

四、进一步改进督查检查考核方式方法。

五、着力提高调查研究实效。

六、完善干部担当作为的激励机制。

七、深化治理改革为基层放权赋能。

八、坚持以上率下狠抓工作落实。

筑牢思想政治根基当然是首要的问题。《通知》不仅提出了"巩固拓展'不忘初心、牢记使命'主题教育成果""深刻总结疫情防控中的经验教训"等要求，还有"决不做自以为领导满意却让群众失望的蠢事""决不能身子进了新时代，思想还停留在过去"等让人眼前一亮、印象深刻的表述。

针对当前的重点任务和党中央决策部署，《通知》提出，坚持在常态化疫情防控中加快推进生产生活秩序全面恢复，精准落实外防输入、内防反弹和复工复产各项举措，防止多头重复向基层派任务要表格、执行政策"一刀切"等机械式做法。精准施治脱贫攻坚中的形式主义官僚主义，防止数字脱贫、虚假脱贫。

针对文山会海、督查检查考核、调查研究等，《通知》要求继续做减法，提出"守住精文减会的硬杠杠""确保比 2019 年只减不增""对中央和国家机关纳入计划的督查检查考核事项，不要求地方层层配套开展""推动相关部门督查检查考核结果互认互用""避免同一时间到同一地方扎堆调研"等操作性强、见效快的举措。

针对干部激励机制，《通知》则继续做加法，提出了"加大正向激励力度""进一步完善干部考核评价机制""真正把干部带薪休假、津补贴、职务职级等待遇保障制度落到实处，建立村（社区）干部报酬动态增长机制"等有温度、带响动的措施。

这个问题还有必要多说两句。不少基层干部的工作状态，真的是"5+2"，白加黑，十分辛苦；尤其是近几年在脱贫攻坚一线、近一段时间在疫情防控和复工复产一线的广大基层干部，许多都累得脱了几层皮。

随着今年我国发展面临的风险挑战上升，做好经济社会发展工作难度加大，基层干部的责任更重了、压力更大了。这时候，关心关爱、激励鼓励基层干部的举措一定要实一点、再实一点，充分地调动他们干事创业的积极性主动性创造性。这是当前尤须发力的一个大课题。

当然，所有举措的关键都在于落实。此次《通知》也对此进行了重点部署，要求"坚持一级做给一级看，抓好本级带下级"，提出了"将防止和克服形式主义官僚主义深度融入巡视巡察、党委督查、干部考察考核、民主生活会、年度述职等制度""常态化开展基层观测点蹲点调研"等制度化、长效化举措。

治理改革

八条干货里面，第七条"深化治理改革为基层放权赋能"，需要单独拎出来讲一讲。因为这一条尤其重要，而且颇具开掘的深意。

为什么尤其重要？因为基层形式主义官僚主义的根子，普遍认为是体制机制不够顺畅。武汉大学中国乡村治理研究中心研究员吕德文说，解决基层形式主义官僚主义问题，必须要解决治理层级之间权责利不匹配的问题。

不少基层干部也反映，他们其实最烦形式主义，但一些任务完不成不行，完不成轻则批评，重则处分；想完成吧，又没资源、没人手、没财力，无奈之下，只能采取一些形式主义的办法应付了事。类似情形还有不少，都是权责利不匹配引发的问题。

针对此，这次《通知》提出，总结一些地方的新鲜经验，进一步向基层放权赋能，加快制定赋权清单，推动更多社会资源、管理权限和民生服务下放到基层，人力物力财力投放到基层。厘清不同层级、部门、岗位之间的职责边界，按照权责一致要求，建立健全责任清单，科学规范"属地管理"，防止层层向基层转嫁责任。

这当然是一剂针对病根的良药。还不止于此。第七条措施以"深化治理改革"为着眼点首次提出"研究制定加强基层治理体系和治理能力现代化建设的政策文件，构建党的领导、人民当家作主和依法治理有机统一的基层治理体制机制"。

这显然是一个颇具开掘意义的重大课题，显示在国家治理的大视野之下，基层治理的重要性逐渐显露，并为决策层所认识；"基层治理"这一概念也逐渐定型，并有了较为明确的政策指向。

"此前谈基层形式主义官僚主义，主要是从作风建设的角度展开，而这次《通知》明确把这一问题提升到治理的高度对待和解决。"吕德文说，解决形式主义之弊，最根本的是要完善基层治理体系和治理能力现代化，文件中提出的"党的领导和人民当家作主和依法治理的有机统一"值得进一步研究深化。

同样，在国家治理的高度，审视《通知》里"加强城乡社区服务和管理能力建设，构建基层智慧治理体系，提升基层公共服务、矛盾化解、应急管理水平。各级领导机关要打破开展工作的传统路径依赖，切实把领导方式和工作方法转到现代、科学、法治的轨道上来"等表述，我们也有了更多的政策想象空间。

基层是自治、法治、德治相结合的治理单元。基层治理有三个境界，第一境界是资源下沉，第二境界是便民惠民能力下沉，第三境界是组织群众自治。因此，强化基层组织的治理能力、将人财物等资源下沉仍是初步，下一步还需强化基层组织动员能力，让群众自我管理、自我服务、自我教育，让群众自己建设自己的美好生活。这些都是基层治理现代化的题中应有之义。

2

文山会海

减负不减作为

新华社发　商海春　作

召开会议、印发文件是部署、落实和推动工作的惯常手段，也有必要，但是开会发文过多过滥，会导致行政效率下降、形式主义抬头、工作作风飘浮。面对一些复杂的工作，一些人不愿意做深入细致的调查研究，不愿意耗费精力去破解难题，真正推动工作，只是做一些表面文章，许多重点工作通过开会和发文件部署，通过开会听汇报，通过开会总结，表面看热热闹闹，实际上没有实质性突破。

文山会海是基层最"原始"、最常见的一种形式主义

张华是西部某县级市一街道办党工委书记，看一看他的办公桌，就知道目前文山有多"高"。各种文件、报纸杂志、发放的书籍，已经在桌面上"堆"不下了。

张华说，街道办年均要收到 3000 多份文件。"有的文件下发到街道，上级就急忙要求我们报送材料，不管你落实工作还需要时间。""有的文件动辄就写着这项工作是领导批示了的、过问了的，要实行考核，以此向基层显示：我的这个文件、工作很重要！"

翻开张华的工作笔记本，就能看到会海有多"深"。本子上密密麻麻记载的都是他参加的各类大小会议。内容上，除了街道办机关例会安排布置的工作较为具体外，他参加的其他上级召开的会议均大多只记载了领导讲话要点、会议精神要点，具体内容少。

以 2018 年 12 月的记录为例，张华有 10 天在开上级召开的会议，共计参加 13 场会议，会议内容包括文化项目、社会组织工作、

社区工作、农业园区建设……

"有的会议，同样的主题同样的内容，各级层层开下来，乡镇（街道）党委书记得陪着开个三四次。"张华说，"现在街道办的微信工作群，成了会议通知群，办公室的工作人员不断推送会议通知。"在该微信群看到，通知街道办主要领导、分管领导到市里参加的会议，一天少则两个，多则四五个甚至更多。

调研中，多名乡镇党委书记都谈到参加上级会议占用了他们太多时间，一周开个三五次会议不算多，一天参加两三个也属正常。有的乡镇离县城较远，开会加上来回路程，消耗了基层干部大量的时间和精力，也助长了形式主义。

无边的"文山会海"是怎么来的？

第一，以会议落实会议，以文件贯彻文件，成为一种工作惯性，而不管会议、文件有没有实际内容，能不能产生实际效果。江西萍乡一位县级干部说，部分领导布置工作，习惯于召集相关部门到会议室开会，至于会议的落实情况则不闻不问。上海市一位基层干部表示，"开会等于落实，发文等于做过"的懒政思想，一定程度上仍然存在，有些事情基层不知道怎么干，不干又不行，就开会敷衍一下，算是推进了工作。

一名县直部门"一把手"说，各部门每年年初的工作部署会、半年总结会、年终表彰会是必开的。县里开完，系统开，最后是部门开，这样一年下来，大大小小的工作会议不会少于 300 个，这在部门之间已成为一种时尚和攀比。

该县直部门"一把手"认为，在这方面，分管工作的县领导也起了推波助澜的作用，他们经常带着部门的负责人亲自出马力邀县委书记、县长出席会议并讲话，有时书记、县长考虑到班子和谐，尽管会议并不重要，尽管为会所累，也不得不出面讲话。书记在农业会议上讲了，也要到工业会议上讲，教育会议、城建会议等，书记、县长都要讲，哪个会书记不讲话，就给部门和乡镇造成那项工作不重要的嫌疑。

第二，为了表示对上级工作的重视，或为了推卸责任，发文、开会也是惯用一招。"有些工作不发文不开会，好像就没干，领导不讲话，好像就是不重视。"广西一名县委宣传部部长说。"一些地方抓落实，不是抓成效，而是抓会议、抓文件。"东部一位基层干部说，一些地方督查有没有落实上级要求，首先就要看有没有开会发文。

一名基层干部说，县里领导在市里参加完了会，回到县里也要召开同类会议传达贯彻精神，这是多年的惯例。记得有几次，市里会议结束后，县里因有其他事没能及时开会贯彻落实，县领导就受到了市里分管领导的批评，言外之意：在你那里，我分管的这项工作不重要？所以县里为了和市里搞好关系，避免不必要的麻烦，只要上级开会，回来后一定会争先恐后地开会发文，会议文件是否有用、有效先不说，起码先赚个好态度。

"以往分管领导即可解决的事项，现在往往要上升到常委会来讨论。"江西抚州某县组织部门负责人坦言，有些会议有必要，有些则必要性不大。当前问责、追责力度加大，部分领导担心被追责，是会议增多的主要原因。

第三，不参加会议就是不给面子，"陪会"让一些基层干部和企业负责人不堪重负。福建南部一位县级宣传部门负责人说，要参加的各种会议太多了。他戏称自己是"会长"。一位县领导说，县里某项工作要启动，具体负责这项工作的相关职能部门会请方方面面的人员参加会议，经常出现"陪会"现象，主席台上坐了一排，但和会议内容真正有关的也就一两位。

一位民营企业家说，企业最困惑的是陪会，地方政府有的会议安排得不精准，让他们"疲于奔会"，其实会议内容与自己关系并不大。一些企业认为，不少部门非常重视开会的过程，却不重视开会的实际效果。如果企业主要负责人不参会，甚至会被一些官员认为是"架子大""不给面子"，可能招来不必要的麻烦。

"同样的会议，市、县部门层层开，都硬性要求企业主要负责人参加。公司初创期本来就人手紧张，多数时候只能派高管过去开会。"一家从事光伏行业的企业负责人说，一般情况也不敢派员工冒充，担心被发现认为"不够重视"。如果所有会议都按要求参加，甚至需要专门招聘一名高管"陪政府开会"。

> **点评**
>
> 中央提出反四风之后，享乐主义和奢靡之风被狠狠刹住了，但层层开会、以文代行的现象依然较为严重，主要原因之一是奢靡之风和享乐主义容易界定，便于监督，而形式主义和官僚主义不好界定，违纪风险小。
>
> 基层干部和相关专家认为，要从根本上改变文山会海现

象，一些地方领导的观念和心态必须转变，政府部门的工作方式和手段也要变，要鼓励干部转变思维，深入实际、深入群众，创新工作方式方法。

一是建立和完善办会制度，从制度层面加以规范。严格发文标准和会议审批，建立定期分析制度，针对一定时间段内发文和会议的数量、内容、结构等情况进行综合分析，在科学分析的基础上加以精简、改进，并形成规章制度。

二是创新工作方法，探索"互联网＋政务"模式，以信息化替代传统的发文和会议。对于开什么会、谁要参会、怎么开会，会议组织者应该定位更精准。可以充分利用电子政务等新方式，提高效率，减轻负担。

三是完善考核机制。扭转工作干多干少就看会议开多开少、文件发多发少的惯性做法，加大对深入基层一线现场办公行为的考核激励力度，在考核上形成正向引导，鼓励干部到基层一线调研，发现和解决问题。

四是在地方行政管理体系改革上下工夫。"哪怕是没多少意义的陪会，也是跟你相关才让你去开的。所以，一些地方会议负担沉重，根源在于职能交叉，在于领导分工的粗放。"东部一位基层干部建议，进一步推进领导分工科学化。

3

材料论英雄

"花架子"

新华社发　朱慧卿　作

标题要合辙押韵、对仗工整，最好再造几个新词来突出"亮点"；过去的工作现在拿来说，或者"将来时"变"完成时"，反正成绩不够，材料来凑；几段话就能说清楚的事却要写成长篇大论，搞出个"一二三四"……

整不完的材料

工作汇报、领导讲话、调研报告等文字材料，是党政机关推动工作、了解实情、总结经验得失的有效载体，一份好的材料对工作能起到事半功倍之效。但是，一些地方工作材料套路化严重，"长、空、旧、虚"等现象仍较普遍。

西部某经济开发区管委会要承办一场工作会议，县上多位领导都要出席讲话，管委会里几名负责起草讲话文稿的干部有点"犯难"。

"同一个会议主题，几位领导都是要表达督促工作落实的意思。但我们拟讲话稿时必须有所区分，同样的意思要用不同的话来表达，大量时间花在了绞尽脑汁遣词造句上。"其中一名干部说，自己长期负责材料起草，有时候一天就要出一份材料。自己也很难到基层实地调研，写材料时往往是从各部门要来基础材料进行二次加工，从材料中来，到材料中去。

为了能向上级机关充分展示自身的工作成绩，一些基层单位在撰写材料时"添油加醋"，力求面面俱到。

北方一省会城市交管部门干部小方说，在撰写当地交通事故处理情况的材料时，上级仅要求上报违章量、事故量等几组数据，但单位领导认为太简单，要求加入领导如何重视、开了几次会、作了几次指示等内容。如此一来，原本1页纸就能说清楚的事，被扩充到了6页。

在某直辖市工作的机关政工干部刘波（化名）说，撰写汇报材料时，他们会努力将一级标题、二级标题起成"对仗体"，就是为了材料能亮眼、好看。在这个仅有35名干部的业务单位，就有8人专门负责撰写各类工作材料。曾经为标题中是用词"深钻"还是"深挖"，几个人讨论了半个多小时。有时标题不够合辙押韵，还会被领导要求返工，时常"5+2"、白加黑地写材料。

在个别地方，工作材料甚至"千文一面"。西部地区一厅级单位的中层干部透露，有时针对一个问题，几个地市上报材料中的主要内容几乎一模一样：内容都是"加强组织领导""加强制度建设""加强资金配套"，等等。上级机关最想了解的，各地因地制宜出台的具体措施却基本看不到，令人哭笑不得。

走偏了的"套路"

基层干部坦承，工作材料不同于一般文章，要符合一定的体例和文法，重视材料写作并精益求精无可厚非。但在实际工作中，一些材料"虚功"多、干货少，甚至衍生出不少套路，这就走偏了。

——追求"形式美"，"穿靴戴帽""虚功"多。单位如何重视，开了几次会，出台了多少文件，制定了多少工作方案……一位在机关中撰写材料的干部如此吐露"心得"：这些内容是否写进材料，本应视情况而定，但实际上却必不可少，否则领导会担心上级"觉得我们工作不到位"。有时为了出新、出彩，还要挖空心思提炼几个新概念、造几个新词，力求文字工整对仗，包装好看，"这样才好引起关注"。

黄河沿岸一国家扶贫开发重点县副县长说，自己曾就一个扶贫项目进展到基层调研，但部门提交的汇报材料中加入了许多无关的内容，看似充实，涉及这个项目的却很少。"其实我已经亲眼看到项目进展，部门负责人在现场口头交流即可，但他们还是撰写了材料，有用信息也不多。"

——新瓶装旧酒，"将来时"变"完成时"。刘波说，有些工作刚刚开展不久，上面就催着让汇报进展，工作不够只好"材料来凑"：要么"新瓶装旧酒"，将过去开展的工作装到新的工作主题中；要么"将来时"变"完成时"，把工作计划当作成绩来汇报。

比如，一个县级部门提供的扶贫工作材料中，谈到县中学与某高校附中正在开展结对帮扶，选派了一批教师到这一高校附中进修培训。仅从材料上看，这项工作似乎已卓有成效。但当人们"按图索骥"来到材料中所提到的县中学，想要见一见接受培训的教师，才被告知"双方只是达成了初步协议，实质性工作还没有开展"。

——化简为繁长篇大论、面面俱到淹没主题。一位受访干部坦承，现在各级下发的文件大多比较扎实、言简意赅，但在撰写汇报材料时，有些领导还存在"求长不求短、求全不求缺"的思维定式。本来几段话就能说清楚的事，非要写成数页的长篇大论，有时反而让材料主题不突出，让阅读者在字里行间努力寻找有效信息。

　　"其实我想看到的，是用最简洁明了的语言说清楚做了什么、怎么做的，有什么经验得失，有哪些不足。和具体工作无关的内容我基本都会跳过不看。"前述西部地区一厅级单位中层干部直言。

点评

　　党的十八大以来，从中央到地方出台了一系列改进会风、文风的政策措施。不少干部表示，和过去相比，近年来基层文风已经有了一定改进。西安市一位处级干部说，最近他参加了陕西省里的一场会议，与会者的发言言简意赅，文字交流材料内容扎实、文风朴实，没有太多形容词和对仗句，全是"干货"，令他印象深刻。

　　文风背后是作风。"长、空、旧""套路化"的工作材料，折射出一些地方和干部的思维和作风需要改进。

　　西安交通大学公共政策与管理学院副院长董新宇说，对政府部门而言，重视工作材料并无不可，撰写并形成材料的过程，也是总结思考的过程。但是，材料应该是客观全面的，以帮助我们总结成绩和经验、正视问题和不足。如果不重实效实干重包装，把精力放在"材料美化"上，搞"材料出政绩"，那么就是给材料披上了形式主义的外衣。

　　少数领导干部工作不扎实，深入一线调研少，习惯于听汇报、看材料推进工作，也在一定程度上助长了材料中的虚功歪风。"作为上级部门，不能够深入基层、不看实绩看材料，把材料作为衡量和考核下级工作的依据，就会导致下级把精力花费在包装材料上。此外，上级部门一些不实事求是，甚至急功近利的要求，也会导致下级为了应付检查而专注于材料。"董新宇说。

也有干部表示，在中央大力要求改进会风、文风的当下，基层部分干部仍有"材料出政绩"的惯性思维，是自身思想落伍、没有跟上中央要求的结果。基层需要能写出务实、扎实材料的"笔杆子"，更需要能深入一线调查研究、解决问题的"泥腿子"。

好的工作材料来源于实践。一份经过认真调研，经验总结到位、问题分析透彻、对策建议可行的好材料，可以很好地推进工作。陕西省社科院廉政建设研究中心主任郭兴全建议，要挤掉材料中的"水分"，就要大兴调查研究之风，让干部有更多时间精力深入基层、深入实际，用过硬的工作作风创造出经得起历史考验、人民认可的实绩，作为工作材料的生动素材，以扎实的作风改进文风。

4

痕迹主义

形式主义　　　　　　　　　　　　　　　　　　新华社发　郭德鑫 作

会议记录、下乡日记、图片题照、签字盖章、指纹刷脸、手机定位……近几年，"痕迹管理"在基层工作中被广泛应用。其优势在于通过保留下来的文字、图片、视频等资料，有效还原干部对工作的落实情况，供日后查证。

但部分基层干部反映，为避免在上级检查时被问责，日常工作中，他们不得不过分在"留痕"上大做文章，致使基层"痕迹主义"流行，成为形式主义新变种。重"痕"不重"绩"、留"迹"不留"心"，工作过度留痕加重了基层干部负担。

处处留下痕迹

中部地区一个乡镇举办了一次"脱贫攻坚资料大比武"，活动要求各村第一书记协同包村干部、驻村工作队准备 2014 年以来的所有脱贫攻坚资料，到镇里进行比赛。"幸好有百度帮助我。"一位参赛者透露了他的参赛秘笈。

为了不在大比武活动中落后，这名参赛者通过网络检索材料模板，再把自己的实际情况套进模板，形成各种名目的系统性材料。他坦言："评比结果只要不是最后一名就行，两年驻村，如果最后因为材料被扣分，或者挨了处分，两年时间白费不说，以后想提拔都难。"

在比武现场，镇政府会议室里一排排蓝色、黄色、红色等各种颜色的文件盒整齐码放，摆满了十几张桌子。一名驻村干部的材料被要求改进，书面不能有勾划涂改，凡是有涂抹的地方，全部要用消字灵清洁，"这样就好看了"。

有基层干部说，因为要经常打印资料，他们把乡镇政府附近的几家打印店"扶富"了。为节省费用，后来工作队专门购置了打印机，即使这样，所需费用仍然不少。

这名基层干部举了一个例子：某次，上级要求制作档案，一个贫困户一份档案24页，一式4份共96页，还要有照片，所有档案全部用塑料外皮包装。全村158户，用了1.5万张A4纸，照片打印异常费墨，硒鼓用了13个。

一名驻村干部反映，村里搞一次"卫生清扫"就需要9份档案：一是乡镇党委政府关于环境大整治的红头文件；二是村两委的工作方案；三是村民代表会议记录；四是思想动员会议记录；五是贫困户环境卫生名单；六是实施分工细则；七是扫大街的几张照片；八是片区考评表；九是贫困户入户考评表。

"材料环环相扣、图文并茂、相互印证，怎么看怎么像法院的卷宗。"这位驻村干部笑称。

由于一些地方出现以痕迹论政绩的情况，许多人就想出制造假痕、虚痕来应对。

一名基层干部说，上级要求他们每天上午9点通过微信群的"发送位置"功能报告位置，证明自己坚守在村里。但实际上，有的人即使不在村里，也能把位置调整到村里，再发送给领导。后来领导有了察觉，不时通过"共享实时位置"的方式抽查。即便这样，还是存在技术漏洞，因为只要下载一个位置软件，就可以随时更改自己的手机定位信息，"将自己的痕迹固定在村里，这样就不用担心领导抽查了"。

以"痕"论政绩，假痕、虚痕流行

一些基层干部抱怨，上级部门安排的工作任务往往很急，要求限时完成，这也逼得基层造假痕。

某地组织部要求乡镇街道上报"党员入党档案留存情况"，街道办事处的组织委员说："上午 11 点发通知，下午 3 点就要上报材料。"时间紧、任务急、人手少，这位组织委员身心俱疲："11 个下辖村，党员有六七百人，而且除了普通村民，还有学生、转业退伍军人等，一些入党材料缺失的档案，还需要通过人事局、民政局等部门比对核实，如果正常排查的话，至少需要一周时间。"

为了在当天下午 3 点前上报材料，他赶紧给各村打电话询问情况，估算数据、东拼西凑、猜测推断，紧急"造"出一份材料，上报应付了事。

部分基层干部反映，上级不同部门安排的工作任务常常挤在一起，还硬性要求在相近日期完成，这更造成基层分身乏术、疲于奔命。有人不堪重负，干脆无中生有，连夜加班加点补材料、"造痕迹"。

防范变异，不能要求事事留痕、处处留痕

多数基层干部认为，基层工作复杂多变，进行基本的工作留痕是必要的，尤其是能"避免领导来时因一瞬间的误解，而否定自己的全部工作"。

在基层某村，一位贫困户说自己不认识驻村第一书记。村主

任反问他："去年冬天第一书记给你买了棉大衣、挂了厚门帘，今年上半年你生病时还垫钱买药，临别又给你300元，你怎么就不认识了？"贫困户说："我就是不认识。"村主任气愤地说："你这人没良心。"贫困户说："就这点事还值得你们说，我说不认识就不认识。"

当时，这位带动村民发展了规模5000只以上的肉羊养殖产业、今年54岁的女驻村第一书记两眼含泪。村干部说："如果是上级领导突查，恰巧又问到这位村民，那么等待这位第一书记的，很可能是一通批评甚至追责。"

但另一方面，"痕迹主义"过多过滥，也会给基层干部带来很大的负担，诱发形式主义，在群众中造成不良影响。

"一见面就问我种了几亩地。"采访中一位村民说，经常有不同的人拿着笔和本本入户，问题大同小异。简单问几句就急着拍照合影，然后心不在焉地一边问一边把照片发到微信群展示，一些村民对此特别反感。

基层干部普遍认为，过多过滥的"留痕主义"已成为形式主义新变种，应尽快整治。

点评

基层干部坦言，盛行的"痕迹主义"亟待减负：一是严重浪费了工作精力，影响工作实效；二是劳民伤财，增加工作成本；三是败坏工作作风，误人、误事、误形象。

有些基层干部摸准了上级的脾性和作风，"材料准备得齐不齐、好不好、美不美"，直接决定考评分数。自然，一些基层干部就耗费专门精力用在保留工作痕迹上，而无法投入太多精力在帮群众解决难题上。

要彻底根治凡事留痕，应当从领导干部改起，大兴基层调研之风，不以书面痕迹为依据，而以干部足迹为依托，目标考核中注重基层群众的口碑和工作实绩。

"痕迹主义"出现在基层，但根源在上面。要以上示下，从上面开始，不以材料痕迹评短长，而以工作实绩论英雄，把严格的干部考核机制变成促进工作的科学手段，从"痕迹管理"向"实绩管理"转变，让基层将更多精力和时间用在脱贫攻坚、增收致富等实际工作上。

要改变对基层的考核方式除了必要的工作档案，不能要求事事留痕、处处留痕，要降低材料在考核分值中的比重，考核向实绩倾斜；上级领导在基层检查时，应率先垂范"留实痕"，少些形式主义、官僚主义，多些担当作为，多些实地调查研究，多倾听基层干群声音，多为基层解决现实中存在的困难。

同时，可建立统一事项网络数据平台，在减少浪费的同时避免基层重复性工作，并根据不同事项，界定不同考核方式，避免材料考核"一刀切"现象。

5

甩锅的责任书

"推"

新华社发　商海春　作

　　当下，乡镇（街道）普遍面临权小责大的难题，一些上级部门把不该乡镇承担的工作通过签订《目标责任书》、发放《任务告知书》以及下文件、发通报等方式，以属地管理为名安排到乡镇（街道）。基层干部应接不暇，无奈之下常以形式主义对付了之。

42 份责任书，其中一半多是"甩锅"

　　王辉（化名）是一名在乡镇工作了 10 余年的镇党委书记，他说，自己认领了 42 份责任书，其中一半多是"甩锅"。

　　王辉说，从 2018 年 1 月至 2019 年 7 月，其所在的乡镇共认领各类《责任书》《任务告知书》共 42 份，其中属于乡镇职责范围内的有 20 项，主要包括党务工作、脱贫攻坚、乡镇规划、用地审批、禁毒宣传、综治维稳、民生保障、基层政权建设、农村经济管理服务等。"剩余 22 项任务，都是各单位和部门'下放'的任务。"

　　王辉进一步梳理后发现，他所在的乡镇日常约承担 60 项工作，其中 36 项是本职工作，其余 24 项都是上级或各部局以"属地管理"的名义甩到基层的工作，主要集中在各类执法事项上。

　　2019 年上半年，多地暴发非洲猪瘟疫情，县里要求各个乡镇加强非洲猪瘟道路运输管控工作。"乡镇一没职能、二没监测设备、三没专业人员。"王辉说，"任务既然分下来，我们只能找几位村民，戴上红袖标，把持在各个路口。遇到运输生猪的货车，根本没法鉴别，只能一律劝返，从哪里来回哪里去。"

淘汰黄标车，属于交警部门和环保部门的工作职责，但上级部门为了完成此工作，就把任务分解到各乡镇。而乡镇没有扣车权，只好分解到各位工作人员头上，挨家挨户去做工作，劝说当事人去回收公司和车管所报废车辆。

私挖滥采的打击整治，是国土局的职责范围。但在现实生活中，国土局只负责出具一纸《处罚决定书》，具体执行取缔则是乡镇政府。但问题是，乡镇经费主要靠县财政拨款，拨款并不包括执法成本支出，何况乡镇党委政府并没有执法权。

护林防火工作同样如此。去年秋季，一位村民进山祭祖引发火情，过火面积13亩。此人被派出所拘留10天，被乡镇政府罚款1000元。但是罚款处罚应由公安部门的消防机构执行，县里消防队没工夫过来罚款，乡镇会计没法入账，罚款也不能继续留在乡镇政府。等10天拘留期满后，乡镇政府把罚款退还给那位村民。此事在当地一度成为人们茶余饭后的谈资，损害了基层党委政府的形象和公信力。

两头受气：有职责，无权力

这种现象在基层十分常见。一些基层干部反映，很多基层部门并没有法律法规正式授予的职权，这导致他们在监管、督办、落实种种职责时没有底气。

老刘是苏北某乡镇城管队长。他说，城管队是乡镇自己组织的执法力量，没有执法证、执法权与处罚权，出去监管执法，自己心里都没底，大多数情况下只能通过个人私下关系劝其整改，工作开展起来难度很大，很担心别人质问自己没有执法权限。"以前我们处罚过一个流动商贩 50 元，但是后来被纪委通报，说我们城管没有私自处罚的权力。"

"上级一些职能部门总是通过一纸通知，就把监管责任甩给了我们基层，但是我们又没有执法权，整治行动没有威慑力，一些安全隐患即使看到也无权根除，只能干着急和担心。"不少基层干部表达了履责时的尴尬。

"虽然在联合执法的文件里头，有执法权的上级职能部门列了七八个，但是基本都没什么明确的责任，反而成为配合我们乡镇执法的角色。"谈及某些上级职能部门对监管责任的推诿与不作为，一位乡镇干部说，"他们只是坐等乡镇把工作做完后再下来'检查'，收收执法照片和汇报材料后一走了之。"

为了让乡镇重视，这些上级职能部门一般都会联合草拟文件，通过上级党委政府的名义下发。草拟的文件还会时不时提及"属地管理、各司其职、失职追责"等字样，以督促基层贯彻落实。一位乡镇干部说，这样做的目的是把责任留给基层，出了问题也有了追责基层的依据。

更值得注意的是，目前乡镇街道的安监所、食安办等"七站八所"工作人员当中，很少有人具备相关专业知识，但却要承担专业的监管任务，这使得基层在履职过程中显得有心无力，出现外行监管内行的现象。

"食品安全隐患凭肉眼是看不见的，需要专业人员拿着仪器设备去检测才行。"苏中某街道食安办负责人说，他的实际人事编制是文卫科助理，街道办没有配备专门的食品安全监管力量。

　　"国家对环境保护、安全生产越来越重视，但这方面均有专业的操作流程和技术指标，目前很多乡镇都未配备这方面专业人员和设备，从事这方面的监管执法就太困难了。"某乡镇主管安全生产的干部介绍说，近几年，他们聘请市里专业安全检查团队到镇上企业检查安全生产，这虽缓解了一部分安全监管压力，但是技术指导毕竟时间有限，无法常态化监管。

　　县区将专业监管责任传导到乡镇街道，乡镇街道往往又会以二次分解的方式，将责任传导到基层自治组织，虽然社区一般都挂有食品安全和安全生产监管部门的牌子，但大多都是"聋子的耳朵——摆设"，基层社区本来事多人少，这类专业的监管人员更是付诸阙如。

　　"上级让我们社区来负责食品安全检查，但这些食品的检验标准、采样设备、专业鉴定人员我们都没有，我们怎么能做好这项工作呢？"江苏淮安一城市社区支部书记说，他们社区能做的也仅仅是组织一些农家厨师培训，为他们提供规范的操作要求，"在我们能力范围内只能做到这些"。

> **点评**
>
> 　　在一些地方，原本应是"层层落实责任"却成了"层层推卸责任"，让基层干部疲于奔命。基层干部表示，你能甩责任，我就瞎对付。这是基层形式主义屡禁不止的重要原因之一。
>
> 　　应辩证看待压力传导与基层减负的关系。负担必须减，

压力不能减。本职工作的压力不能减，但是上级部门或相关部局给基层"甩锅"的压力一定要减下来，这是为基层减负的根本要义。

一是建立乡镇（街道）工作清单制度。严格按法律法规行使职权，对需乡镇（街道）负责的各项任务，县（区）直部门应提请县（区）级党委政府把关后，以清单形式发放到乡镇（街道）手中，防止各部门将自身职责转嫁到乡镇街道。同时，要加强业务指导，避免只满足于安排发文和汇报总结。

二是严格执行基层机构改革方案，落实各站所定部门职责、定内设机构、定人员编制的"三定"规定，推进行政资源下沉，理顺机构职能，全面提升乡镇履职效率和便民服务效率。

三是完善问责制度和激励机制，坚持严管和厚爱相结合。准确把握"三个区分开来"的政策界限，拓宽基层干部发展渠道，进一步激发基层干部担当作为干事创业的积极性。

6

层层加码

急功近利　　　　　　　　　　　　新华社发　瞿桂溪 作

压力层层传导是贯彻落实各项工作部署的重要方式，不仅压实了责任，也激发了基层干部干事的主动性和自觉性，实现了压力向动力的转化。然而，一些地方在推进工作过程中，也出现了"压力层层传导"异化为"压力层层加码"的现象，让处于政策执行末端的基层干部感觉"压力山大"。

过度"解读"，"自我加压"

"一个计划一年多建成投产的项目，到我们执行时，已经压缩成要半年建成投产。"西部地区某开发区管委会一名干部说，有的重点项目在落地时，一级一个时间期限，层层提速。

"在那么短的期限内要完成建设、投产，完全合规操作是没有办法达到的。有的项目时间太紧，虽然土地证、施工许可证、规划许可证等手续都没来得及办下来，也只能先开工，后面再边建边补。"这名干部表示，现在"边建边补"已经成了一些重点项目的"标配"。

某能化企业负责人反映，如今国家环保政策本身是严格且合理的，但一些地方政府往往过度"解读"，进行"自我加压"。

"国家规定前 30 分钟的初期雨水要收集处理，达标外排，之后的雨水就可以直接排了，但在执行中，有的干部为了防止出问题，采取'一刀切'，雨水一律不许直接外排，这给我们增加了很多不必要的负担。"该企业负责人说。

该市一位基层环保干部也对此表示无奈，由于总量指标有要求，所以在基层执行的标准会比国家标准更加严苛。"按国家标准要求的话，万一出了一个小的事故，排放立刻就会超标，然后就会层层问责。在基层执行时要求更严格，也是为防止突发状况，留有余地。"该基层干部说。

调研发现，有些部门在制定政策或者考核标准时没有细化执行标准，导致下级执行部门有过大"自由发挥"的空间和余地。为了确保工作万无一失，地方往往提高完成标准的门槛，加大考核的力度。

"就拿扶贫资料来说，省里有一套模板，市里有一套，县里也有一套，而且一套比一套复杂。"某乡镇干部说，省里制定的标准有些地方较为模糊，一些可做可不做的材料，到了县一级层面就都要求配齐，因此县一级要求的材料项目比省一级多出了10余项，导致他们经常白天走访贫困户，晚上还要加班加点整理材料。

表面看"有魄力""力度大"，效果适得其反

有的省里相关部门制定了一项政策，政策出台的初衷和实施范围也讲得很清楚，或者要求有条件的地方先实施。但这项政策到了市县以后，很可能就被"功利"地理解了，一些地方将"有条件"理解为必须要做，甚至考虑争优争先，不能输给其他市县。还有政策执行的时间，省里考虑的可能是两个月，但到了乡镇或者村一级，时间有时甚至被压缩到只有一两周了。

这种做法看似在倒逼基层干事担当，实则造成一些政策举措无

法真正落地，一定程度上助长了敷衍塞责、应付了事的不良风气。

一些领导喜欢把"不管你用什么办法，我只要结果"这句话挂在嘴边，也易导致层层加码。

中部某地一名政府领导近期挨了处分，主要原因就是他在市里当局长时乱下经济指标，造成当年该市工业经济数据"掺水"造假。到县区任职以后，他"过分追求结果"的"急性子"依然如故。一名跟他共事的干部说："安排工作时，他常对属下讲'这个事交给你了''我只要结果，方法你自己想'。"

还有乡镇干部反映，有的乡镇街道为满足上级的"结果期待"，却因缺乏专业知识，推动工作不得要领，闹出过"外行管内行"的笑话。有时上级领导一味要求"出成绩""出经验"，基层就被迫"搞忽悠"。

点评

"压力层层传导"异化为"压力层层加码"，何以如此？原因有三。

一是"层层加码、层层问责"显得更有"改革力度"，更能彰显上级党政部门的"立场""决心"；二是"层层加码、层层问责"更能为上级党政部门减压减负，避免出了问题首先成为众矢之的；三是有些领导干部不愿意认真落实容错纠错机制，认为这是往自己身上捆炸药包，害怕容错之后出现"反转剧情"，自己反倒担责任。

压力传导、压实责任没有错，能够让干部有紧迫感，但要科学合理划分任务指标，不能一味到基层念紧箍咒。单纯通过压力层层加码的方式推进工作，会导致工作的完成质量大打折扣，甚至不得不敷衍完成各项指标。

"层层加码"的行政思维也带来了执纪监督过程中更为苛刻的考核指标，让基层干部在应付检查和督导中花费大量时间和精力，影响干部工作的积极性。

破解这一难题，可从以下方面着手。

一是大力推行县乡权力责任清单制度，将县乡权责关系制度化。采取有力措施充实基层乡镇的编制和人员，尽可能把资源、服务、管理下放到基层，保障基层有人有权有物。以看得见的赋权赋能，保障乡镇政府可以作为完整政府发挥作用，享有与基层治理职能相匹配的权力和资源，切实调动一线基层干部干事创新的自主性和能动性。

二是让检查监督真正下探到基层。大力开拓基层民众监督政府的渠道和机制，用成本低、数量大、时时刻刻能发挥作用的民众监督和舆论监督，提升基层监督的深度和效度，在各级考评问责制度安排中细化民主评议指标，提升民主评议占比。

三是进一步将党中央《关于进一步激励广大干部新时代新担当新作为的意见》具体化、操作化，形成实施细则。容错纠错相关甄别工作"三个区分"的落实，尤需结合动机态度、客观条件、性质程度、后果影响等因素，综合稳妥加以考虑，让有为愿为干部吃下定心丸。

7

督查过滥

一场空

新华社发　商海春　作

督导、督查、督察……都是上级通过实地查看、走访调研、翻阅资料、询问答复等方式，督促各项工作完成的一种手段。近年来，党中央、国务院加大了对工作落实情况的督导督查，有力促进了各项任务保质按时完成。然而各地都层层加码，督查过多过滥，则可能适得其反。

乡镇干部诉苦

不少乡镇干部诉苦：中央层面的督查很有必要，但目前一些地方层层搞督查，已成基层不能承受之重，不仅没有达到促进工作落实的效果，反而严重耗费了具体抓落实的人力、物力、精力，产生反作用。

在基层流传的一个段子生动形象地反映了这一现象。

问：这段忙啥呢？

答：精准扶贫。

问：扶贫部门干啥呢？

答：督查我们。

问：这段忙啥呢？

答：污染防治。

问：环保部门干啥呢？

答：督查我们。

问：这段忙啥呢？

答：土地执法。

问：土地部门干啥呢？

答：督查我们……

问：你是哪个部门的，怎么谁都督查你们？

答：我是乡镇干部。

在华北、华东的一些乡镇，都能听到类似的段子，细节不同，大体内容相仿。显然，这有些夸张，但反映的问题却很真实。

近年来，在各项工作抓落实的要求下，各种形式的督查多了起来，作为在一线落实各项工作的乡镇党委政府，迎检压力之大难以想象。

"从2017年9月开始，仅乡上的2个锅炉，各级部门就查了10多次。"一位乡镇干部说，以环保督查为例，2017年4月，原环保部对京津冀及周边地区大气污染防治开始了历时一年、共计25轮次的环保督查。而在原环保部督查之前，市里和县里不放心，还要自行提前检查几次，再加上各种专项整治检查和市县两级的日常检查督导，仅环保一项，平均每半个月上级就检查一次。

来督导督查的比干活的多

"有检查就一定有追责，来的都惹不起，所以要好好陪。"一名镇党委书记说，上级来检查某项业务，下级政府领导和业务部门都得陪同。到了乡镇一级，乡镇党委书记、乡镇长都得陪同，否则可能会被认为不重视。"我一年中有200多天在迎接、陪同检查，有时候这个检查组还没走，另一个又来了。"

东部某省一位负责畜牧、林业、水利等多方面工作的乡镇干部说，半年不到，他迎接、陪同上级各个部门检查指导工作的次数已经超过 50 次。到了年底，光迎检这一项工作就忙不过来，乡镇日常工作基本不干了。他感叹道："现如今督导检查的人比具体抓落实的人还多。"

实际上，各类促进工作落实的督查检查，不少都演变成了形式主义，不仅占用了基层干部大量时间和精力，更影响了被督查工作的落实。

"上级检查的时候过分重视台账，开会多、研究多分值就高，对工作的结果反而不太重视。"一名乡党委书记对此很不理解，有的工作开会多与其说是重视，还不如说是效率低。本来一个会就能解决的事，开那么多会干什么？

据这名乡党委书记反映，不管是计生、宣传还是党建，各项工作的检查考核都会被细化成分值，比如评价领导是否重视，要看"开过几次会、研究过多少次，是什么级别的会布置的"，还有的要求每月必须开会研讨一次，每一项都对应着相应的分值。

为了应付检查，有些乡镇想出一个绝招：在一个多议题的会议中频繁变更会议室的电子条幅，换一个议题就换一个会议名称，拍照留念以备督导检查。

"整天被督导检查，不少乡镇干部已经是背着不止一个处分在干活了，谁也不想因为台账的问题背处分。"一名乡镇干部直言，大家的想法是，不管形式主义不形式主义，既然上面要看，先把台账做漂亮，等检查过了再说干活儿的事。

　　以扶贫检查为例，不少基层干部反映，不同部门要求的材料侧重点不同，考核指标排列顺序不同，他们大量的时间用于给不同的部门准备不同的材料，对脱贫攻坚工作不但没有推动作用，反而侵占了他们抓工作落实的时间。结果"工作没有落实，反而落空了"。

　　上面千条线，乡镇一根针，各级各类督查人多频次多让基层干部身心疲惫。不少基层干部反映，由于各类督查太多，基层一些日常工作只能放到晚上和周末做。"乡镇党委书记和乡镇长白天陪检查，晚上开会布置工作更是家常便饭。"一位乡镇干部说。

点评

　　在当前改革发展不断提速的大背景下，有些督查检查是必须的，是保证各项工作落实的重要手段。但是，层层督查检查、形式大于内容的督查检查则让基层干部不堪重负，亟待"减数量、提质量"。

　　第一，对督查检查要持审慎态度，不能太随意。应根据工作实际需要进行督查检查，并注意频次。对于工作难度大、程序复杂的事项，可以带着标准、规则，就不同时间段的具体要求有针对性地去督促检查；对于流程简单的事项，在推进过程中就没必要三番五次去查，可以直接"要结果"；常规工作要形成制度，不能心血来潮，说查就查。

　　第二，上级单位不要为了自己"留痕"折腾乡镇干部。一位曾参与督查检查的干部坦言，本身督查是为了抓落实，可如今一些督查却成了督查单位规避问责所需。"虽然自己制定的检查评比细则并不科学，效果也有待商榷，但是通过到乡镇督查，有关部门可以表现自己重视某项工作，抓落实也留了痕迹。"

第三，同一项工作检查应统一时间集中开展。不少乡镇干部提到，比如年底的扶贫检查，可能涉及产业、卫生、教育方方面面的工作，不要今天扶贫办去查，明天教育局去查，后天卫计局去查，可以规划一下，各部门集中进行，避免占用乡镇干部过多时间。同时，有些数据可以共享，各个部门不要各自为政，都伸手向基层要数据。

第四，提高检查人员自身素质，避免检查者"念歪经"。华北某市要求乡镇干部必须保证晚上 1/3 的人员在岗，并异地抽调人员组成检查组夜查。一位乡党委书记说，检查组某晚去检查时，他们正在开全体会议布置工作，按说人数远超 1/3，但检查组非要对照当天值班表核对人名，还要求每人必须出示身份证，某职工没带，不得不翻箱倒柜找到一份身份证复印件才算过关。这不是促进工作，这是瞎折腾。

8

问责泛化

板子打偏

　　说起基层干部的工作状态，"上面千条线，下面一根针"可能是最常见的形容，但一线干部说，这个表述该改改了，现在情形是"上面千把锤，下面一根钉""上面千把刀，下面一颗头"。来自上级部门的问责，确实帮助不少干部拧紧了责任"发条"，但由于部分上级部门避责不愿担当，追责不切实际，乱问责的大山压得基层干部喘不过气来。

凑数的"问责"

　　上级部门每年对下级部门有考核要求和任务，完成不了就要被列为工作落后典型。在问责数量上，有的地方感觉偏少，只好想方设法凑数，比如把不属于党风廉政建设责任追究的事项统计在内，本来问责范围只需到乡镇一级偏要扩大至村民小组。

　　"某镇有9个村，基本上每个村都被上级以及本级纪委问责过，村干部免职的免职，辞职的辞职。"中部某镇干部说，一些涉及村干部的轻微违纪问题，本可以批评教育，但还是给予了党纪处分，目的就是为了凑数，以完成目标任务。"某村民小组长原本只打算对其诫勉谈话，后来考虑到处分指标没完成，最终给了警告处分。"

　　无独有偶，一位街道办纪委书记透露，他一年被要求办5个案子，但街道层面几乎查不出"大问题"，只好到处寻找"小线索"。"哪个社区普通党员被查到赌博，我们就追加一个小处分，既完成了任务，也不得罪人。"

问责泛化的表现形式

调查发现，类似的问责泛化主要有五种表现形式。

属地式问责，涉事者无论事发何地，户籍所在地都难"幸免"。中部地区一位镇党委书记介绍，此类问题在信访领域尤为常见。一名信访户的户籍在当地，但本人早已在福建安家多年。因为自感经营企业时遭遇企业所在地职能部门不公平待遇，他常年进京信访。这样的信访诉求，原本与中部这个乡镇没有任何关系，但就因为信访户的户籍没有迁出该乡镇，每次他一进京信访，当地乡镇干部就要被追责。

职能式问责，无错部门"躺着中枪"。一位基层环保部门干部介绍说，当地政府年初确定了污染减排的任务，但因为进度不理想，准备问责环保部门。"这让有些环保干部觉得委屈，因为影响进度的重要原因之一是污水处理厂建设滞后，而问题出在一些手续卡在了相关部门，环保部门干着急也没办法。这怎么能把'板子'都打在环保部门身上呢？"

强压式问责，"额外工作"增添"额外负担"。中部一个城市2019年着手治理黄标车，这本来是一件大好事，但上级文件片面强调要清理彻底，否则绩效考核排名扣分，导致一场"假治理"闹剧上演——为了完成任务，交警队直接在系统中先行注销车辆，但大量黄标车实际还在路上跑，安全隐患并未消除；有的车辆本身没有到注销报废时间，但上级"一刀切"要求淘汰，下级只好拿出一笔钱补偿车主。

计时式问责，"刚播种就要收获"导致"按下葫芦浮起瓢"。一些地方大力推动环境治理，但要求两三个月内就整改到位。干部们反映，如此有限时间要一个项目走完从设计到招投标再到施工的标准化"全流程"根本不可能，没奈何只能规避招投标。"到头来这头整改过关了，那头却被审计、纪检部门追查。"

"背锅式"问责，为了"交差"找来"顶罪羊"。民意汹涌时，有的地方为了应付上级或者平息舆论，往往会选择"多处分几个干部"。南方某县曾发生一起群体性事件，该追责的部门本来已经明确，但县领导认为问责范围不够广，不足以体现问责决心，无法交差，于是把本无直接关系的部门也列入了问责名单。

本是正风肃纪的问责，为何出现泛化、随意化？梳理发现，背后相关部门和人员的心态多样。

"拼凑政绩"心态，以问责"走量"彰显"作为"。自推进全面从严治党、"八项规定"出台以来，各地各部门加强了执纪督查。但是一些部门和领导干部，却把"问责数量"简单当作"执纪成果"向上级汇报，以证明自己"积极作为"。在这种心态下，对"八项规定"执行采取"沾边政策"，不管问题大小都往问责方向去靠，随意将问责标准扩大化。

"捏软柿子"心态，以拿基层干部"开刀"为习惯。一些地方和部门对落实"两个责任"仍停留在表面，客观上造成了查处问题时的"选择性问责"现象：只问责基层部门不问责上级部门，只问责弱势部门不问责强势部门。关键一点是，问责下级干部时不会遇到太大的阻力，以致很多时候拿基层干部来凑数。

"息事宁人"心态，以快速问责安抚负面情绪。一些地方在出现影响稳定的突发事件特别是丑事后，为了尽快平息汹涌的舆情、维护地方稳定，不经仔细调查就对相关部门和人员上纲上线，一律从快从严拿出问责措施。当问责过程遭到当事人质疑时，上级领导就出面做工作，劝说"以大局为重"。

"敷衍塞责"心态，以轻微问责掩盖严重问题。出于利益勾结的考虑，一些部门在查处有关问题时，面对强势部门，为了帮助违法违纪者逃避或减轻责任，浑水摸鱼，暗度陈仓，将轻微的问责泛化，用小问责来凑数，掩盖其背后隐藏的大问题。有的地方甚至搞阳奉阴违，问责文件不对外发布或者控制知情范围。

点评

　　问责是从严治党、依法治国的重要保障，是查处违法乱纪行为的严肃手段。为了凑数，随意伸缩问责标准、甚至交易问责数量，必将严重损害党纪国法的权威性，降低党委政府的公信力，其实质是一种官僚主义、形式主义。

　　客观、公正是执法执纪的基本准则，大搞"上有政策、下有对策"、阳奉阴违的问责，会让规矩和纪律缺乏约束力，让从严治党流于形式。为了问责而凑数，做做样子、小题大做、糊弄百姓，会极大助长歪风邪气，长久下去问责会变成"空架子"，后患无穷，亟待严厉整治。

　　第一，构建明确、清晰的责权体系，取消问责的数量和任务指标。哪一级管什么事、承担什么责任都要明晰，如此一来问责才有依据。在具体问责时，要依据问责标准实事求是，不能放松也不能扩大，不能给问责下数量指标，要结合当地实际"精准问责"，同时厘清党纪国法的边界。

第二，构建对问责程序的监督体系。问责谁、问责依据、问责程度要向社会公开，引入公众和媒体监督。不能层层加压，人为泛化。如发现有弄虚作假的凑数式问责行为，必须严肃打击和处罚。

第三，培育正确的政绩观，改进工作作风。问责只是手段不是目的，不应简单成为衡量工作业绩的标准。执法执纪的关键在于平时的严格监管，应当恪尽职守，让问责成常态而不是运动，更不能随便任性。

第四，强化"一把尺子"意识，对任何部门、任何级别一视同仁，不能动辄拿基层干部当"替罪羊"。面对强势部门时要勇于亮剑、果断出击，维护党纪国法，顺应民意民心。只有撕下面子不办"人情案"、顶住压力不办"关系案"，才不会盲目凑数，乱打板子。

9

"二传手"干部

一推了之

新华社发 徐骏 作

在我国基层治理链条中，一些干部机械地做着"二传手"工作，他们看起来事事经手，似乎工作繁忙，却不思考、不研究，以会议落实会议、以文件落实文件，执行政策照抄照搬，决策推给上级，责任推给下级……

只知道推卸责任，不承担应有义务

中部地区一名镇党委书记讲述了一件"打落牙齿和血吞"的烦心事。

市里要求检查超重车辆过境，县公路局一位领导打来电话，要求乡镇设点拦车检查。镇党委书记试探着问了问："乡镇干部并没有上路执法权，请问公路局能不能派人过来？我们全力配合。"不料，对方的回答简单粗暴："这是上面布置的工作，我已经传达给你们了，我们忙不过来，你们自己搞定。"

结果，乡镇干部硬着头皮上路执法。有司机质疑他们没有执法权，不让拦车和检查，双方起了争执。司机拍了视频发到网上，舆情闹大了，乡镇干部受了处罚，本应承担牵头责任的公路局干部，反而无事。

"这种'二传手'干部只知道推卸责任，不承担应有义务，严重损害了基层干事创业的氛围。"这名镇党委书记抱怨道。

西北某省一名乡党委书记也被"二传手"干部弄得焦头烂额。他说，每周都要参加大量会议，上级通过会议把责任传导到基层没有错，但有的上级部门是通过会议把责任全部推卸给基层，这就有问题了。"比如招商引资，按说是由县招商局牵头，我们参与，但开一个会就全部交给我们了，乡镇毕竟缺乏专业招商人才，主导这项工作很难出成绩，最后做得不好，又要问责我们。"

"二传手"干部的四大绝招

多名基层干部反映，"二传手"干部的行为可以概述为：对上级安排的业务工作，不分析研究，而是机械地以"以会议贯彻会议、以文件落实文件"来推给下级；对应由本部门或本人决策的事情，不承担责任，而是推给上级或集体，美其名曰"让领导拍板，让集体决策"；遇到实在要做的事情，从不发挥创造性，而是照抄照搬，应付了事。

一位乡党委书记直言这样的干部有四大绝招：有任务，布置一下；有会议，传达一下；有事情，上报一下；有问题，推脱一下。你要是敢质问他们，他们会美其名曰"分级负责""责任到人""属地管理"，出工不出力、做事不担责。"只考虑把球快速传出去，从不在乎球能否传到位。"

除了"二传手"干部，类似的庸懒干部还有多种表现。

表现一："推手式"干部，办法总比困难多，最好的办法就是拖。有些干部善用太极"推手"之法，对于本职工作，"你推来我让去，你让来我推去"。此类干部"击鼓传花式"地把工作和责任一推了之，还自诩"不求名利，佛系人生"。

"群众反映最为强烈的就是这类'推手式'干部，丁点儿小事今天推明天，明天拖后天，理由层出不穷，脸好看，事就是不办。"

湖南省郴州市苏仙区委党校副校长周丽萍说，如若任其发展下去，不仅会延滞工作落实，还会助长"鞭打快牛"现象，让实干者寒心。

表现二："摆拍式"干部，只做样子刷存在，撸起袖子不干活。有些干部看上去袖子撸起来了，身子也扑下去了，开过会、讲过话、发过文、作过批示，就算干完工作了。看似有作为，其实玩虚活儿。

苏仙区委党校教研室副主任邝贤哲认为，"摆拍式"干部的投机性体现在这些干部任何重要场合从不缺席，所有关键节点都不忘刷存在感。对外，他们每到一处必煞有介事拍照"留痕"；对内，他们日复一日循规蹈矩开会、讲话、批示，看上去比谁都要尽职。

"短时间内，这种表演给他们贴上了亲民、实干的标签，但老百姓的眼睛是雪亮的，对这类干部的厌恶和反感，甚至会产生'溢出效应'，波及其他无辜干部，挫伤干群关系，损害党和政府形象。"邝贤哲说。

表现三："等上岸"干部，规避风险，坐等安享人生。苏仙区所辖8个乡镇共有工作人员469名，30岁以下只占22.6%，45岁以上占到了41.9%。老龄化带来的直接后果就是不少干部不愿想事干事，消极度日，只待退休。

一名干部表示，此类干部在感觉升迁无望的乡镇党政副职中最为常见。为了更舒服地坐等"退二线"，现在最受欢迎的岗位是妇联、工会等比较清闲的群团组织的党政副职，主任科员、副主任科员等非领导职务也成了"香饽饽"。

点评

　　以"二传手"干部为代表的庸懒干部滋生有多方面的原因。有的问题出在思想意识层面，部分基层干部存在守摊子、混日子的思想，不求上进、墨守成规，缺乏为人民服务的公仆意识。有的基层干部则是能力不足，"本领恐慌"，不会作为。

　　另外，随着灰色收入及各类隐形福利的减少或消失，收入分配秩序的日益规范，习惯于"得实惠""捞好处"的部分干部，在"权力瘦身"中出现了较大的心理落差。他们既不甘收入缩水，又怕踩到红线、违纪违规，于是把守规矩与干事创业对立起来，认为"干事未必有好处，犯错必定没前途"，一定程度上也加剧了庸政懒政。

　　防止基层干部庸政懒政，除了要对其思想上加强教育、行为上细化监督外，更重要的是完善干部约束激励机制。当前，虽然公务员法中有关于公务员辞职、辞退等条款，但在实际操作中基本无法发挥威慑力，公务员仍然是公认的"铁饭碗"，进门不易，出门更不易。

　　庸懒干部常常不触碰矛盾，不得罪人，在干部选拔中甚至出现"劣币驱逐良币"现象，影响基层政治生态，助长人浮于事、推诿扯皮之风，亟待进行治理。

　　一是健全干部考评制度，合理设置考评指标。当下的考评指标往往正向指标多、反向指标少，共性指标多、个性指标少，"有为"与"无为"界限模糊。建议在修订公务员法过程中，将不同级别、不同岗位依具体情况区别对待；在民主测评、述职报告等传统考核形式外，探索与干部实际工作情况挂钩的灵活考核新办法。

二是扩大考评参与面，强化结果运用。年终民主评议不少流于形式，考核方式一般以静态考核和组织部门专项考核为主，应进一步推进评议全过程多元参与，在考核结果运用方面，突出激励惩戒的效果。

三是干部问责和责任倒查要全面。当下，总体而言，问责仍然偏重于对显性腐败的惩戒，忽视对隐性失职的问责，对庸政懒政惩而无据或问责不到位。建议各地对庸政懒政现象开展专项治理，同时建设基层长效机制以巩固整改成果。

10

盒子党建

材料齐全　内容详实

某些　检查

形式新颖　装帧精美

地方　年终

某某材料
某某单位

"纸上谈兵"

新华社发　蒋跃新 作

反对

　　一段时间以来，各级党组织尤其是基层党组织在党务工作中不严肃，基层党务工作者对党务工作不熟悉，导致在"三会一课"、民主生活会、党费收缴、会议记录、发展党员等党内事务上存在诸多不规范的问题。在全面加强党的建设背景下，各地各行业党组织进行了有针对性的整治，党务工作有了明显改善。但一些形式主义的倾向值得重视。

看房、看墙、看材料盒子

　　在一些基层党组织，对党务的规范由一种倾向走向了另一种倾向，陷入了文牍主义的怪圈，将大量时间与精力放在了材料、会议等工作上，甚至一些基层党组织把党务工作作为党建的全部，一说看一看党建方面的工作，不少支部书记的第一反应就是看房、看墙、看材料盒子。

　　"每年上级党组织来考核党建工作，我都要加班加点忙上好几周。最近要求党建标准化，强调各种材料和留痕，支部的党建搞得好不好，就看这一'哆嗦'了。"中部地区一位国企党务工作者说。

　　一个地级市基层党建督察通报中列举的主要问题有"市发改委党总支换届选票用白纸打印""党员民主评议无支部书记签字""党员组织关系转接没有回执"等。这些党务问题固然需要改进，但作为党建督察的重点成果似乎不太合适。

　　还有不少国企、事业单位党员反映，大量刻板、机械而又缺少现实意义的党务工作非但无助于党建水平的提升，反而影响了正常业务工作。

西部地区一位银行系统党员说，上级要求"两学一做"学习教育中党员要把党章一字不差地手抄下来，年底业务又忙，我只能在办业务的空当抄上几句。党章是一名党员必须学习和掌握的基本内容，但是强制手抄的方式有些形式主义，现在网上都有代抄党章的业务了。

更有甚者，西部一司法行政系统单位竟然长期安排被判处重刑的一名服刑人员抄写、编造支部会议和学习记录，内容涉及研究党支部重大事项、发展党员、党员评定等工作。

"一些地方在党建督查考核时的导向就出现了问题，一看房二看墙，让基层党组织不得不迎合着去搞'盒子党建''材料党建'。"宁夏一位组工干部说。

"形式上保证就行"

有的非公企业党建工作也出现流于形式的现象。"装上制度牌，弄好台账，单辟活动室……形式上保证就行。上级来检查时，就临时'加戏'。"东部某省基层干部反映，部分非公企业党建积极性其实不高，成立的党支部就是一个名称，组织全覆盖结果成了名称全覆盖。

一些地方的抓非公党建工作靠一味强推，相关活动质效并不高。东部某县委组织部工作人员坦言："上面让做一就做一，让做二就做二，企业普遍存在应付差事的想法，并不真心主动。"

有的地方产业园区党组织、行业党委简单理解、一味追求"覆盖率"，向民营企业、社会组织下达党组织成立数量指标。而由于非公企业人员流动性大、企业经营不稳定等影响，建立起来的非公企业党组织在一段时间以后无活动、无党员的空壳现象突出。在西部某高新区45家非公企业党组织中，有26家党组织已经没有党员，处于瘫痪状态。

有的非公企业成立党组织，初衷就已跑偏，甚至沦为企业谋求好处的工具。调研发现，有的非公企业把成立党支部作为获得地方党委在申报项目、奖励性资金等方面"特别照顾"的捷径。地方党委帮助有力，就积极搞党建、轰轰烈烈，否则就撂挑子不干，消极应付。华南某互联网企业负责人说，他准备在自己的企业成立党支部，以此来维护与政府的关系。

这让一些地方基层党组织建设工作重心逐渐偏离，基层党组织凝聚力、先进性、纯洁性、领导力等党建工作核心的内容反倒被忽视，甚至遭到边缘化、弱化。

比如在农村，基层党组织仍然面临党员年龄结构老化、文化程度偏低、后续发展对象不足、"名义党员""口袋党员"多等问题；有的村庄党组织领导权和村委会自治权对立，出现党管农村与村民自治两张皮；有的地方宗族势力长期把持基层组织，破坏选举，村干部公款吃喝，甚至骗取涉农资金……这些问题严重削弱了基层党组织的凝聚力、战斗力。

点评

党建要以加强党的长期执政能力建设、先进性建设和纯洁性建设为主线。具体到基层，党建的重点任务就是要在争取人心、夯实执政基础上下功夫。基层党建要分清主次，理顺形式与内容、党务与党建的关系。

第一，简化基层党务工作程序和内容。基层党员和党组织负责人文化水平参差不齐，在保证党务工作严肃、准确的基础上，应当考虑适当简化目前的党务工作程序和内容。

"在农村，不少村支书只有初中文化水平，繁杂的党务工作占据了大量时间和精力，让他们疲于应付。建议针对基层制定简单易操作的党务工作指南，减少'咬文嚼字'式的党务考核，把广大基层党组织负责人从材料和会议中解放出来，有更多精力办实事。"一位长期从事基层党建的组工干部说。

第二，基层党组织要善于"刷存在感"。在农村、社区等基层单位，凡是在群众中知晓度高、认可度高的基层党组织，都在以不同的方式为老百姓办好事、办实事。基层党建要力戒"只对上负责，不为下解忧"。

第三，党建考核要注重"显绩"与"隐绩"的平衡。考核是指挥棒，党建考核要摒弃"一看房、二看墙、三看材料盒子"的模式，注重对基层党组织隐绩的考察。以"是否凝聚了民心"作为基层党建最重要的考核指标，通过走访、谈话、问卷等多形式、多维度考察一方群众对基层党组织的知晓度、认可度、满意度。

11

数不清的微信群、App

"松绑"

新华社发　徐骏　作

　　网络的发展特别是手机日益成为一种办公工具，形式主义也"与时俱进"，在 PC 端、移动端不断"开疆拓土"。时下，数不清的微信工作群、App 衍生出指尖上的形式主义，给基层干部增加了不小负担。

微信群过多过滥，成为基层干部心病

　　东部某省通信管理局一位干部表示，他所在的办公室就建有一个 40 至 50 人的微信群，单位里大大小小的任务安排基本上都通过这个群分派。

　　湖北一名村支书说，他加了 10 个微信工作群，包括水利群、党支部书记群、三防群、民政群等，每天一大任务就是看微信群的聊天记录。

　　中部某县一名大学生村官"被加"了 120 多个微信工作群。他说，现在村里工作基本都是通过微信群交流，但信息量大，更新又快，稍不注意就会错过重要通知。每次打开手机，都要把各个群的消息浏览一遍，生怕看漏了重要信息，耽误了工作。

　　"微信工作群就像时刻在开会。"华南某市税务工作人员坦言，一会儿就有几百条信息，稍不注意就不知道发生了什么事情。

微信工作群易患三种病

　　病症一：不是真抓实干，而是秀工作，脱实向虚。

微信工作群原本是为了方便工作，提高工作效率，但过多过滥的微信工作群容易诱发工作务虚不务实。一些人在微信群里频频转发群里领导的工作照和考察新闻，却从不谈思考、不提建议。

在中部某省，有乡镇干部说，在她所加的部分微信工作群里，一些人不停地晒各种"工作照片"，假装摆拍的下基层照片和加班工作照片发到群里，换取领导表扬。

"微信群办公，未必就眼见为实。"一名村支书说，"一些工作，本来应该实地考察，上级却要求村里、镇上拍个照片发到群里，这样就算检查了，并不真正去村里了解情况。"

病症二：异化为"拍马群""玫瑰体"。

部分微信工作群成了向领导献媚、表忠心的秀场，出现比拼发送各种"献花""膜拜"之类的表情，以博取领导开心。其他人见到后也跟风说"领导辛苦""领导高明"之类的奉承话，微信工作群俨然变为"拍马群"。

一名国企员工说，在他们部门的工作群里，有几名女性员工的发言被大家称为"玫瑰体"。只要部门领导在群里发言，不管是布置还是点评工作，她们都争先恐后地发"玫瑰花"表情。

病症三：滋生、助长微腐败。

近几年，屡屡曝光的一些干部在微信工作群里公然索要红包的行为，已经是一种微腐败，且难以监管。

"不怕领导有原则，就怕领导无爱好"。有些领导有意无意在其朋友圈、微信群上秀爱好，书法字画，古董收藏，烟酒茶饮，"含蓄"地提醒下属或有求之人。

工作平台、App 泛滥，也成为指尖上的形式主义

西部某县级市一街道办党工委书记说，仅党建方面，街道办安装的上级开发建立的平台就有约 10 个，包括党员统计、×城先锋、党员自愿服务管理平台等。街道办需要安排两三名工作人员，每天在 PC 端登陆，查看是否有新的通知，是否有新的材料需要报送，是否有新的报表需要填写。大家都希望，这样的 App 可以"合并同类项"。

此外，城管数字化平台、综治网格化管理平台、河长制 App 等其他各种 PC 端、移动端平台也不少。上述街道办党工委书记说："街道办大大小小的工作，记在本子上还不行，还得动态化、表格化、电子化，然后上传平台，上级在后台看基层工作的完成情况。"

一些上级部门还在其开发建立的手机 App 中加入痕迹管理功能。但有的时候使用 App，只是要求过度留痕，发现问题而不去解决，演变成了"痕迹主义"。一名河长说，他所负责的河流（灌溉渠系）依据相关规定属于省管河道，他把巡河中发现的问题通过河长制 App 上传到后台。"河长办接到问题反映后，让我自己处理，这不成了我自己生病自己看病自己抓药嘛？"

东部部分干部对此也感慨颇深：一份主题党日总结，上传市里的 App 之后，完全相同的图片文字还必须再向省里的 App 提交一次……虽说只是"动动指头"，可大半天盯着手机折腾下来，许多基层干部，尤其是年龄大的基层干部也连呼"吃弗消"。特别是现在农村基层党员学习活动时要求打开 App 打卡定位，填写所在支

部等信息。很多农村老党员玩不转智能手机，有的甚至用的是老年机，无法完成这类操作。

> ┌──┐
> │点│
> │评│
> └──┘
>
> 部分微信工作群、工作平台、App"走形变味"，滋生和助长了官僚主义、形式主义，变成基层工作人员的另类包袱和负担，成为一种新的隐形"四风"。
>
> 首先要杜绝不必要的工作日志、打卡留痕。不得强行推广微信公众号、安装政府 App，不得将微信、QQ 工作群和政务 App 等作为 24 小时工作媒介，不得以微信、QQ 工作群上传工作场景截图或录制视频来代替实地工作状况。
>
> 同时，微信工作群要有明确的定位，领导最好只发与工作相关的事情，如果与工作无关，仅仅是领导干部个人爱好，能不发就尽量不发。
>
> 微信工作群、工作平台、App 应是帮助干部的得力助手，不能反过来变异为控制他们的工具。北京大学廉政建设研究中心副主任庄德水认为，党政机关应听取基层工作人员意见，出台规定、细则，寻找微信工作群、工作平台、App 规则的最大公约数。
>
> 值得注意的是，时下一些地方由于不同部门间没有共享机制，同样的数据、资料要基层反复报、反复填，制造新的"网上痕"。须打破各部门数据壁垒，让信息在部门间流畅运转起来，减少基层干部在数字时代的无谓劳动。

12

属地管理

违法行为

不归我管

新华社发　商海春　作

　　属地管理、属地责任，是一些上级部门干部口中的高频词。一些上级部门常借属地管理之名，把责任推给基层。既少专业人才又无相关权限的基层，背负过多属地责任，一旦出现问题，还得"背锅"。

属地管理成了筐，什么都能往里装

　　"现在什么都是属地管理，国土属地管理，环保属地管理，城管属地管理……"江苏泰州一名镇党委书记说，"特别是基层信访维稳压力很大，每到关键节点，上面就四个字——属地管理。"

　　东部某市一名分管信访工作的镇党委副书记回忆自己接手过一个案例，当事人虽然户籍在 Y 市，但长期在 H 省 W 市生活工作，所涉纠纷则在 G 省 S 市，但根据属地管理原则，上级仍然让 Y 市负责，最后落实到户籍地址，也就是这名副书记所在乡镇负责解决。

　　"他离乡这么多年，在本地已无社会关系，我们和 W 市、S 市跨省，关系不熟，连工作线索都难找。"这名副书记说，"这到底是'属地管理'还是'属人管理'？"

干活的变督查的，属地管理成卸责借口

　　"属地管理四个字是我们基层干部最讨厌的。"东部一名村党委书记说，"只要在你辖区范围，所有事情都要你牵头。以拆违为例，

要我们村干部冲在最前面，城管等部门反而成了配合方。"

"一个一个包袱往下扔，省市有什么重要的工作，县里部委办局就把任务下发到乡镇，上级职能部门反而成了'文件中转站'。"江苏宿迁一名乡镇干部说，上级一些职能部门本是责任主体，现在都成了督查主体。把责任甩到乡镇后，通常以县区某分管领导成立领导小组的名义，动不动就下来督查落实。

"有的上级职能部门只强调自己部门的工作重要，把常规性工作变成突击性任务，并且存在上级各部门安排工作相似或交叉现象。"广东惠州一名镇党委书记说，在乡镇工作人数、人员编制并无明显增加情况下，工作任务陡然增加。实际上，上级职能部门就是以属地管理名义向基层压派任务。

属地管理走了味，有锅就让基层背

"属地管理包含'谁主管谁负责'的意思，现在却断章取义，不提'谁主管谁负责'，属地管理变了味。"江苏泰州某街道办党工委书记表示，属地不仅指地域的属地，也指责任和职能的属地。

在某安全生产事故发生地，有干部反映，事故发生后，当地凡涉及安全生产方面的事情，各职能部门"推之不及"。一家菜场要进行综合整治，乡镇与县住建局、商务局、市场监管局等部门开会协商，结果还是以属地管理之名推到乡镇政府头上。

"我就想问，这个菜场是哪个部门批准建的？建的时候怎么没根据属地管理原则听取我们乡镇意见，现在要整改就推下来了？"该镇主要负责人直言，"菜场难道不在县政府辖区吗？各个局作为县政府的职能部门，难道不应该为县政府担起管理责任吗?"

属地管理，管而不理，想管没理

属地管理之下，不少事务颇具专业性，基层往往兜不住。东部某镇一名班子成员说，有的上级职能部门将工程质量监管等工作，以属地管理为名转嫁给基层，"基层往往由于人手不足、专业知识缺乏等原因束手无策"。

"尤其在一些技术性较强的领域，例如'三防'和安全生产，属地管理给乡镇带来的压力极大。"粤北某镇副镇长说，由于乡镇缺乏专业技术人员，对一些违法乱纪行为无法分辨，例如盗采稀土，其工艺非普通人所能理解，即使巡查发现有可疑行为，也难以辨别其行为性质。

同时，基层往往不具备行政执法权，承接起属地责任来没有抓手。"在群众眼里，乡镇政府就是万能的，什么都要负责，但是乡镇没有执法权啊。"江苏盐城某镇党委书记说，所在乡镇条线上的环保、国土、住建、水务现在都上收一级，原来乡镇七站八所实行双重管理，现在都收回条条上去了。"没有执法权怎么管?"

东部某镇宣传委员说，以环保执法权为例，乡镇综合执法大队都是临时人员，没有执法证，对污水直排、烧烤乱排油烟等行为只能劝说。

属地管理之下，基层不少"硬着头皮干"的行为有非法行政之嫌。因为考核权、审批权都在条条手上，很多时候基层没办法，还是要跟上级部门搞好关系，落实属地管理责任，导致"非法施政"常态化。基层干部长期充当着拆违、治污"排头兵"的角色，不少乡镇被告败诉后仍不得不坚持"非法施政"。

点
评

基层对很多工作没有审批权、执法权。事前无法参与，事后却要负责任，于法于情都不妥。

行政管理权责一致，就要将更多资源向基层倾斜，明确各层级的责任与权力清单，构建权责统一的上下级关系和治理体系。特别应理顺县区与乡镇街道的职责关系，二者之间的权责应分明，事权和支出责任也应统一。

应建立乡镇街道事权清单制度，赋予乡镇街道履行事权相匹配的财力。乡镇街道法定事权，由县区和乡镇街道共同承担。县区级政府和部门授权事项，由县区本级承担。清单外事权，按"谁交办、谁出钱"的原则落实支出责任。

应按照"依法下放、能放即放、权责一致"的原则，凡是下放的管理权限应事先充分征求乡镇意见，列出详细的放权目录，明确县区职能部门和乡镇街道的职责，确保权限及时下放、规范承接、有序运转。

北京大学廉政建设研究中心副主任庄德水说："不能把一些乡镇街道管不好、不该管的职责任务推卸给它们，应该根据职责相符的原则来规范属地管理体制。"

同时，还应建立行政执法联动机制，在乡镇街道范围内实行综合行政执法。

　　应推行差异化目标考核。强化乡镇街道对派驻机构的统一管理，结合乡镇街道自身特点和发展需求，优化机构设置和人员编制配备。

13

政策打架

无所适从

新华社发　朱慧卿 作

"上下龃龉",上有政策、下有对策,执行口径七十二变;"左右各异",各司其职、各尽其责变成政出多门、各自为政;"新旧不一",新的法令政策已出台,旧的政策规定尚未清理,导致"穿新鞋走老路"……当政策打起架来而且打法不止一种,基层成了"角力场",基层干部做工作左右为难,无所适从,种种形式主义让群众的获得感很难不受连累。

上头"神仙打架",下头"左右挨骂"

中部一农业大县规划了一个"农光互补"的光伏农业一体化项目,市县领导都大力支持。乡镇干部自上级获知,该项目把光伏发电电池板装在农业大棚顶上,电池板之间留有较大间隙,不会跟大棚内的蔬菜"抢"阳光雨露;大棚高度是普通大棚的3倍,可以实现多层栽培,正好发展立体农业和观光农业。而且,大棚发的电不仅可以并入电网售与电网公司,还可以用来完善大棚的照明、保温等功能。一个项目,两份收入,让干部们备受鼓舞。

大棚就这样建起来了,一切都符合预期。只是,当收益即将装进群众腰包时,"不速之客"驾到。

县国土部门找到了乡镇负责人:你们这个项目建在了基本农田上,是破坏耕地保护"红线"的行为,必须限期整治,否则就要对负责人问责。

干部们当场傻眼了:"项目启动的时候,我们反复征求了上级意见，发改委、农业部门都说可以，还让我们加快建设进度。结果都搞好了，国土部门又跟我们说不行，要么拆棚子，要么摘帽子!"

怎么办? 干部们又跑到县里去探问，结果发现，整改的压力比上马的动力大得多，只得把项目设施陆陆续续拆掉，"农光互补"落得个"拆光不补"。

政策上下不一致，干部群众利益受损

"土"政策与惠民策互为"矛""盾"。中部某山区贫困县历来男子娶妻难，有的即便结婚，也因生活贫穷妻子离家出走。一些建档立卡贫困户反映，当地政府出台产业扶贫贷款政策，实施过程中放贷部门却规定，没有结婚证的不能贷款。

近年来，国家多次出台政策鼓励社会资本办医。一家企业想在西部某省会城市办一家民营医院，合同也签了，地也看好了，到国土局办理土地使用证时却被告知，办医疗卫生用地需要先拿到医院的证照许可，到卫生厅又被告知："要先有土地使用许可证，才能办理医院证照许可"，最终企业不得不放弃。

决策"混沌多变"，基层干部陪着"拔河"

彻底关停还是转型升级，让洞庭湖区某县的造纸业 2017 年陷入长达 7 个月的"拉锯战"。分管工业的县领导认为，只要行业淘汰了落后设备，引进新技术实现转型升级，没必要关停，县里也不用背负一次性补偿的负担；分管环保的县领导则认为，造纸厂无论如何转型升级污染隐患都难消除，必须彻底关停……乡镇不知选哪条路走，有的开了"同意转型"的口子，企业听话买了设备，孰料年底上级连续发文，湖区造纸厂无论大小三年内全部腾退。一些造纸企业因此上访，压力全落在了乡镇头上。

政出多门，"各唱各的调，各吹各的号"

基层发展往往涉及多个职能部门，部门之间理应加强协调沟通，共同为基层服务，但现在实际情况是，许多部门"各唱各的调，各吹各的号"。各部门虽说都是照章办事，但更习惯关起门来办，部际协商不畅通，对接机制不健全，精准对接沦为空谈，往往基层要到项目竣工才知道还有此前没听过的"红线"，往往账单填了填罚单，损了经济，丢了形象。

东部某贫困村 2015 年起开始铆足劲儿发展，却因为修建各种基础设施被罚了 9 次，其中有些是一个部门的项目被另一个部门处罚，如交通部门批准的大桥，被水利部门要求停建；省体育局修建的篮球场，被国土部门没收……

片面重视部门利益，决策随意，"非程序化"

部分上级单位唯自身、唯部门利益为重，事前不了解基层实际，群众利益和乡镇难处更不在心上。一些政策、法规决策过程存在"非程序化"乱象。官员或图省事，或贪专断，导致决策偏离程序轨道，丧失了民主基础和科学性，直接后果就是各级政府部门之间政令不统一，立法、司法和行政更无法有力配合，有效制约，带来许多荒唐的行政成本，也给公权力"寻租"留下空间。

点评

政策打架，一方面在于部分政策制定时随意性较大，"脑袋一拍有了、胸脯一拍干了、大腿一拍坏了"；另一方面也是官员"本位主义"作怪，上不了解宏观政策，下不关心基层民意，只守着自己的"一亩三分地"做决定。

华中科技大学教授赵振宇认为，决策出台的程序化安排需要形成制度，尽力杜绝"拍脑袋"决策。同时，要进一步规范政策、法规的制定流程，把依法行政落到实处。更需建立科学的监督机制，要加强对政府规章的备案审查监督。

要从制度上强化部门联动的责任和意识。全国政协委员梁静建议，相关部门要把工作做到前面，在政策法规修订前，由法制办对有关"打架"法规的适用问题予以明确，提高政策的可操作性。在政策法规的制定过程中，可定期召开联席会议，以民主讨论"劝架"。同时，要经常性地对已颁行的政策法规进行梳理和处理，及时对有冲突的内容进行废止、修改和补充完善。

针对新兴领域存在管理空白，执行依据不一致的情况，中南财经政法大学社会发展研究中心主任乔新生表示，当前经济、科技发展迅速，市场变化和新兴业态层出不穷，基层政府应加快对新生事物公共管理政策的研究和制定，主动清除妨碍改革的陈规戒律。

湖南省政府参事柳思维介绍，大部分在实际操作中产生冲突的政策，其出台导向都是方便职能部门管理，或基于部门自身利益，造成企业和群众办事难度和成本增加。如此才产生上有政策下有对策，为局部利益搞"土政策"，吹小调、吹变调等乱象。

湖南行政学院教授唐琦玉等业内专家建议，破除政策上下不一的弊病，需要加强对政策落实情况的日常监管，对政策执行中出现的变形问题实时纠偏。对于私自对政策"加码"等情况，加大惩处力度，提高违规成本，让各类违规"土政策"无所遁形。

有的政策仓促出台，政出多门职责交叉。消除政策打架，还要以更加科学的问责机制为保障，实现发令者和基层执行者权责对等。湖南省农村发展研究院首席专家陈文胜说："只有这样，才能改变少数部门'乱发号施令，不全局考虑，不承担责任'的现象。"

14

典型速成

虚多实少   新华社发   翟桂溪 作

一段时间以来，"速成典型"在一些地方并不鲜见。至今，典型速成的套路依然有市场。有些地方的想法，依旧停留在应付上级检查上，检查一过，后续的投入立马断开，费心费力打造的"盆景典型"自然是"昙花一现"，最终变成一堆"乱摊子"，无人问津。

假典型造得快，八字没一撇就树起来

中部某县一名基层干部说，前两年该县开展了一项文化扶贫工作，任务刚布置，工作刚启动，就凭借"漂亮"的材料，争取到与此主题相关的市级现场工作会举办资格，县委还要求相关部门和乡镇做出成果，总结经验，打造成"××模式"，作为典型推广到全市全省甚至全国。

而具体实施的干部叫苦连天。"表面看起来光鲜亮丽，声势浩大，内心却战战兢兢，生怕别人看出问题和破绽。"这名基层干部说，当地举全县之力，重点、重金打造了几个"盆景"，相关数据也掺了水分，总算完成了任务。

南方某县级市曾组织了一场现场会，主办方安排参观一个脱贫典型村。从外表看，该村变化翻天覆地，基础设施全面升级，各项增收产业也带来不菲收入。但一些了解内幕的基层干部透露，该村是市里的重点扶贫村，各种好政策、好项目都集中在这里，累计争取各类政策资金和产业资金已超过1亿元，大大小小的项目超过100多个，并无可复制性。

工作才开展、探索刚启动就急于打造典型；八字没一撇，先进典型材料已到位；甚至担心典型性不够，掺水造假……类似情况并非个案。

有的地方合作社刚成立党支部，就对外宣传合作社党支部已取得突出成绩；有的地方实施乡村振兴，把资源集中在条件较好的村，打造亮点典型工程，对其他地方不闻不顾。

"干得好不好，要看材料报道；典型新不新，就看盆景精不精。"基层干部将"树典型"的"套路"总结为"造几个盆景、写几篇材料，开几次会议、发几篇报道，来几批参观、留一堆烂摊"。

一些地方改革患上"亮点依赖症""创新强迫症"

在一些地方，炮制材料树典型，成为"推动"改革的捷径。这些地方将目光盯在"速成改革典型"的窍门上。每年组织评比改革创新案例、样板，参评要求大都有一条，相关改革经验必须刊登于内部改革情况交流、工作动态等文件上。于是，一些单位东抄西挪、拼凑典型，用材料打造出"改革实践""改革经验"。

"区里要打造特色党建品牌，什么'红色联盟工作法''12345工作法'，一套一套的。"东部某省基层干部说，上级部门热衷于搞一些新提法、新政策，实际工作内容和方式并没有什么改变或创新，其实是包装材料、玩概念。

一些地方认为日常工作干得再好也是应该，非要玩点"花活儿"才算成绩，投入大量人力和资源，不仅加大了基层负担，还可能忽视了主业和日常工作，引发群众不满。

有的基层干部疲于应付领导的"创新期待"，整天琢磨怎么"造典型""树样板"，原本应为百姓服务的普普通通的日常工作，屡次被要求"创新出彩"，陷入"创新陷阱"。

一位乡镇干部举例说，上面让搞农村人居环境整治，本来应该各村齐头并进，可是有的乡镇把有限的资金、资源集中包装一两个村，其他村不管不问。县里非但没有批评这个乡镇，反而频频领着上级单位到包装的"花瓶村"观摩，对该乡镇的工作高度肯定，那些整体推进"正常干活儿"的乡镇却备受冷落。

"树典型"的"套路"往往是逼出来的

一方面，是上级需要"撑场面"。有基层干部举例：一项工作的推动，从省级发文下达到乡镇，层层传递下来，需要一段时间，乡镇准备的时间较少，甚至有时刚收到开展工作的通知，还没弄明白情况就要迎接检查，最后只能赶紧对付，走捷径造典型。

湖北省天门市委书记庄光明在基层调研时，有基层干部向他反映，时常碰到上级部门的文件上午才到，下午就要反馈信息、报送经验。"这样的'经验''典型'往往是经不起推敲的。"

另一方面，下级也想"要面子"。以近年来颇受诟病的"样板村"为例，"要面子不要里子"，是某些地方乡村振兴向"样板化"走偏的集中体现。一些深受华而不实的"样板工程"之苦的农民反映，有的示范点小区表面光鲜，实则缺乏必备的公共服务支撑。

多地基层干部反映，工作做得好不好，能不能提拔，常常是上级说了算，因此部分地方抓乡村振兴、美丽乡村、环境整治、空心村整治等工作，都是投入重金打造"盆景"典型，领导来视察时看了满意即可，其实面上的情况改观并不大。

还有基层干部透露，一项工作开展，如果地方搞得好，就会组织召开现场会推动，而举办了现场会的乡镇、县市，在考核中就会加分。在一些地方，炮制材料，造典型，琢磨如何争取到召开现场工作会的机会，就成了工作的重要内容。

点评

不是不要树典型，而是要树真典型。要引导和鼓励基层尊重实践效果，踏踏实实地探索，保证"典型经验"立得住、用得上。

无须讳言，现在一些干部上升的路子不宽。他们想进步、想提拔，于是到处找办法。在地方逐渐淡化 GDP 考核后，不少人希望通过所谓的经验总结和工作亮点引起上级领导的关注，但有的主意打歪了，大搞典型速成。这种片面追求轰动、速成效应的功利主义贻害无穷。

典型速成这种现象不及时遏制，将带偏基层干部政绩观，滋生严重的浮夸之风。这样的"典型"一旦得到上级肯定，意味着投机取巧被鼓励，将对扎实工作、脚踏实地的基层干部造成"逆淘汰"，恶化基层政治生态。

典型速成大有市场，一大根源在于上级考核存在官僚主义。上级部门下达任务，要求下级部门多出亮点多出成绩。但下头一根针，上面千条线，各种任务最终落实在县、乡镇两级，在精力有限的情况下，下面有时只能树典型应付检查。

治形式主义，更要治官僚主义，特别要提高调查研究的贴近性和科学性。"多到实地做调研者，少在办公室当统计师。"如果条件允许，考核时可以适度引进第三方评估，尤其要多听听老百姓的意见和反馈。

要完善检查考核方法，让检查考核不轻易被假典型"糊弄""对付"。中央提出要"不断增强督查检查考核工作的科学性、针对性、实效性"，这一要求应在基层尽快实现，特别应在创新考核方式方法等方面有所突破。

15

"一把手依赖症"

能者多劳

新华社发　傅晓宁　作

在一些地方，"一把手依赖症"有所抬头，原本正常办理的工作都要"一把手"过问，依赖"一把手"推进。一些"一把手"甚至成了对上、对下的唯一"把手"，部分副职成为"二传手"。这一现象制约基层正常运转，凸显基层治理能力和治理体系的短板。

小事成"老大难"，"一把手"重视就抓紧办

"上面一句话，下面一溜烟。"不少基层干部群众常将这句话挂在嘴边。原本应该正常办理的工作，在某些环节一拖再拖、一推再推，直到"一把手"过问，才能有效解决。

北方某企业负责人说，他曾跑一个和秸秆燃烧有关的清洁供暖项目，遭遇县区部门工作人员各种推脱："政策规定不能烧煤，但规定上也没写可以烧秸秆。"无奈之下，他去找县区"一把手"，打过招呼后，事情办得非常顺利。

中部某县委书记一次下乡暗访，发现"道路被卡车压坏""公园椅子坐着会晃"等问题后，随即电话调度县直有关部门，书记过问后，这些早已存在的问题很快妥善解决。

该县委书记直言，一些小事成"老大难"，不是部门没能力解决，而是没真正重视，非要等顶头上司发话，才赶紧办理。

"一把手"抓，抓"一把手"，原本是行之有效的工作方法，但近来"一把手工程"似乎成了筐，什么都能往里装，一些地方各项工作都要等"一把手"过问，靠"一把手"推动，希望得到"一把手"认可。

南方某市直单位办公室负责人说，上级对他们年度考核有一项是"领导批示"，且必须是省市党政"一把手"的肯定性批示。为此，即使工作没多少亮点，他们也得写专报递到上面"请批示""跑批示"。

"一把手依赖症"是以领导好恶来安排工作

"一把手依赖症"导致一些地方和部门对工作选择性重视：主要领导重视的工作，就快马加鞭狠抓落实；主要领导不怎么重视的工作，就选择性忽视。

某部门会议，因上级领导调整，会上布置工作特意"传达"了新任"一把手"的喜恶。如新领导要求积极争取政策支持，就明确提出"下一步要努力推动"；新领导不认可横向生态补偿机制，就直截了当提醒下属："格局要放大一些，希望大家以后不要再提。"

"一把手依赖症"不利于正常工作。"一把手依赖症"令身处其间的各方有苦难言，明显制约基层运转，甚至滋生不正之风。

一方面，党政"一把手"对各项工作负第一责任，掌管人、财、物，拥有最大话语权、最高决策权、最终处理权，但过度依赖"一把手"，忽视制度建设，久而久之，一些"一把手"成了对上、对下唯一的"把手"。

"条条块块的上级领导都在盯着，基层大事小事都要表态拍板，什么事都要亲自抓、亲自问、亲自管，实在太累了，我有时恨不得自己是副职。不是我揽权，实际情况就是很多事情不管都不行。"

南方一名街道党工委书记坦言。

另一方面，不少单位主要领导办公室门前经常门庭若市，等待请示、汇报、签批的排成一队，分管副职的办公室则门可罗雀，副职的工作积极性难以得到有效发挥。

"一把手依赖症"不利于领导班子团结干事。"什么都不做，说你不够意思；做多了，问你什么意思。"北方一位对"一把手依赖症"深有体会的干部说，班子成员各有分工，应该相互依赖，拧成一股绳，但实际工作中很难拿捏得当。"一把手"越讲究担当作为，副职越研究"为官艺术"，往往是"想说不能说，说了不顶用；想干不能干，干了怕过线；做事不做主，做主心没谱"。

"一把手依赖症"极易导致"一把手"被围猎，极易滋生腐败。一些人不愿走正常办事程序，将找"一把手"打招呼视作办事"不二法门"。在一些地方，中间人向党政"一把手"引荐企业老板甚至成为灰色产业。

有基层纪委干部直言，一些不法商人目标性很强，只有党政"一把手"才能帮他们开绿灯、打招呼、拿项目，所以他们不仅投其所好，而且百般逢迎，一旦围猎成功，上套的"一把手"就再也摆脱不了，越陷越深。

> ┌─────┐
> │ 点 │
> │ 评 │
> └─────┘
>
> 在不少单位，"一把手依赖症"之所以愈演愈烈，一个重要原因是很多"一把手"习惯于大包大揽，不愿意放权。久而久之，这个单位一定会出现"一把手依赖症"，大大小小的

事情都要"一把手"出面才能解决。

领导班子的成绩是大家共同努力的结果，要警惕"一把手依赖症"抬头。班子运行必须靠制度规范，主要领导要处理好分权与授权、抓重点与重点抓的关系，灵活掌握"推功""揽过"的艺术，增强制度执行力，调动和维护好各方积极性。

基层现实环境下，一些"老大难"问题也非得要"一把手"重视才能解决，其中存在诸多无奈。

一是缺精力，基层承接上级安排的大量事务性工作，没有时间精力真正解决积压的问题。

二是缺魄力，由于权责不对等、问责压力大，基层干部在一些急难险重问题上不敢拍板。

三是缺能力，解决"老大难"问题需资金、资源，往往只有"一把手"才协调得了。

对此，湖南师范大学法学院教授倪洪涛认为，基层权责不对等，是"一把手依赖症"的病灶之一。病症较为严重的地方，上下之间、部门之间、部门内部，多少都存在权责不清、边界不明等问题，必须持续深化机构改革，优化权责配置，加强制度建设，激发基层整体活力和创造力。

16

本本主义

照本宣科

新华社发　朱慧卿　作

我党历来反对"脱离实际的、盲目地凭书本条文或上级指示办事的作风"的"本本主义"。但这一乱象，目前仍然在一些地方存在。

工作安排脱离实际，却要求基层严格落实到位

省里要求 2018 年前完成旱改厕任务，到市里就提出在 2017 年必须全部完成，而且即便工作要求脱离实际，也必须严格按要求落实到位。这是东部省份一位基层乡镇党委书记曾"吐槽"当地推进农村旱厕改造工程的遭遇。

"时间紧、任务重就算了，但上级部门提出的工作程序，与实际情况差距很大，给基层工作平添很多时间、精力、资金成本。"这位乡镇党委书记说，市里要求旱改厕的施工方必须通过市县公共资源交易中心招标，选择有资质企业来做。事实上旱改厕项目点多面广、单个金额少，适合五到十个人的小施工队做，有资质的大企业都没有积极性。实际操作中只能镇上邀请大公司帮忙顶名投标，招标确定后再请小施工队操作。

另一个乡镇党委书记介绍，旱改厕要求一个农村片区农户家中全部安装"双瓮式"冲水厕所，但北方天气冷也容易上冻，一旦上冻，冲水管不出水、粪便也冲不下去，全部堵在便器里。加上农村没有配套排污管网，过去旱厕储粪池半年清理一次；改厕后每周都得清理，否则就污水外溢，"民心工程极易变成糟心工程"。

一些基层干部反映，像这类旱厕改造工程中，上级统一规定工程实施程序、完成节点、改厕方式，没有充分考虑基层实际情况与

需求，背后都是"本本主义"在作祟，让基层工作很难开展、工作成本也大幅上升。

上述基层乡镇党委书记说，仅旱改厕走公共平台招标这么一趟程序，在县公共资源交易平台招标耗了两三个月不说，支付招标代理费就有约3万元，相当于20多家农户改厕项目投资，"浪费时间、浪费金钱，群众也有意见"。

中部省份一位村支书说，领导安排、指示必须严格落实到位，即便与实际情况相差十万八千里。他说，他所在村只有4户贫困户，不属于贫困村，但上级要求开扶贫会、报数据，他们都得照样参会、填表。

"开一次会来去一天时间，仅扶贫领域平均两天一次会，让村干部疲于奔命，很少有时间能够好好考虑本村实际发展。"这位村支书说，上面千条线下面一根针，基层工作任务确实多、杂，需要抓关键、抓重点，可上级领导抓的重点与本村实际情况不符合，也只能硬着头皮上，否则就是落实不得力，作风有问题。

群众反复投诉没动静，领导批示马上解决

除一些上级部门安排工作不顾实际、照本宣科，要求基层严格落实这种现象之外，一些基层干部遇到群众反映问题、提出诉求，长期晾着不理不睬，一旦有领导批示才立即行动，办理到位。这种基层工作中出现的"本本主义"现象，也伤害了不少群众的心。

家住武汉市汉阳区墨水湖畔的谭先生，发现湖畔绿道100多米

长的栈桥上，有 26 组铁护栏年久失修，失去防护功能，成为湖边散步大人与小孩的安全隐患。

"我从 2017 年 1 月开始向区长专线投诉，问题被推到街道解决；后来又反复投诉到市长热线，反反复复竟都没有找到责任单位来维修。"谭先生说，他前后投诉反映了一个半月时间，没有任何回音与动静，直到谭先生等待无果，就此"小问题"向武汉市市领导写信反映被批示后，施工人员很快就来到现场，对倾倒护栏进行更换维护。此事被武汉市纪委、武汉市电视台开办的"作风聚焦"栏目曝光。

事后，武汉市作风巡查组对接受群众投诉的汉阳区区长热线等部门进行走访发现，此前接到市民投诉后，区长热线都是将问题情况转给绿道管理责任方，得到回复都是问题已处理，居民很满意，对此也未进行抽查或核查；责任方汉阳控股集团表示，公司正在重组过程中，"管理中衔接出现了问题"。

参与走访调查的巡查员介绍，市民反映问题被搪塞，给市领导写信被批示后，相关部门才迅速采取行动，这反映出不是问题本身不好解决，而是面对百姓呼声的态度问题。

一些基层干部坦言，有领导指示才行动，没指示就按兵不动的"本本主义"各类表现，背后折射出一些干部"庸懒散"的主观心态，以及一些地方"唯上"的考核评价体系使然。做的工作领导不满意，就会被视为碌碌无为、毫无章法，这也是基层工作"让群众满意，不如让领导注意"，出现各类"本本主义"乱象的主要原因。

工作安排脱离实际也要硬着头皮上，没有领导指示、实施细则就不愿干、不会干等"本本主义"乱象，给基层工作带来多重危害，要将其彻底杜绝需要根治四项"病灶"：

一是杜绝"部署教条化"。工作部署中，不能过于强调"一竿子插到底""一根标尺看好坏"，应在完善事中、事后监管基础上，给予基层合理调整、灵活处置的空间。

河南省太康县马厂镇党委书记赵春丽说，需要给基层干部一定的工作创造空间，让他们能围绕当地的实际情况，结合个人工作优势，将基层急需要解决的问题，老百姓迫切盼望的问题解决好。

二是治理"干部庸懒散"。一方面应加大对干部的管理和监督力度，通过作风巡查、溯源追责等方式，强化公务员队伍履职担当责任心与主动性；另一方面也要通过探索合理正向激励机制，完善绩效考核等方式，充分调动干部干事创业积极性，治理干部作风"庸懒散"，根治遇到问题"推拖绕"。

三是打破"唯上式考核"。政策好不好，要看乡亲们是哭还是笑。国家行政学院教授竹立家等专家表示，在针对基层干部的考核评价体系中，应该将群众拥护不拥护、赞成不赞成、高兴不高兴、答应不答应，作为衡量标准，而非领导是否注意、是否满意，引导基层干部注意力"往下看"，真正做到不唯上、不唯书、只唯实。

　　四是改变"出错难容忍"。让基层干部工作有信心、有底气，关键还得让"试错""容错"机制落到实处。

　　尽管各地都已陆续出台干部改革创新"容错"机制，但一些地方仍然对干部"犯错"容忍度低。对于基层干部实际工作中因非主观因素出现的错误，应在及时纠错、补救中，对干部充分予以容忍、保护，真正激活基层干部干事创业的主观能动性。

17

"一刀切"式治理

"一刀切"

新华社发　翟桂溪　作

尽管与现代化治理理念相违背，但有些地方为追求快速"见效"，工作部署"齐步走"，"一刀切"政策屡禁难绝。此类"一刀切"政策，让基层群众叫苦不迭，基层干部也颇有怨言。

群众诟病不止，干部备受其苦

中部某集镇居民吐槽说，当地在创建国家卫生城市过程中，要求所有沿街商铺招牌都必须使用红色。"包括中国移动这些长期使用蓝色招牌的店铺，甚至丧葬行业店铺都被要求使用红色招牌，让人哭笑不得。"

"政府出台规定规范店铺招牌长宽高及其悬挂方式等可以理解，但要求包括特殊行业在内，所有招牌颜色、字体保持一致就太不合理了。"该居民表示，这种要求并没有法律或政策依据，纯粹是基层政府拍脑袋、"一刀切"的做法。

还有像地方政府对摩托车、电动车一禁了之、一限了之这样的思路和做法都是政策管理低能的表现，不仅违反国家的相关法律，也与国家治理现代化的要求背道而驰。

一些"一刀切"政策纯粹就是乱作为。如生态环境部通报典型案例显示，陕西省彬州市打着大气污染治理的旗号，违规设立3处进出城区的重型车辆冲洗站，规定进出站的车辆无论是否干净都必须交费洗车。这让许多司机很不满。

与此同时，一些基层干部也备受政策执行"一刀切"之苦。"治理大棚房非常有必要，但必须建立在调查清楚、分门别类的基础上。"西部某分管大棚房整治的副县长说，实际操作中，划定一条线，不管合理不合理，就要基层去执行，这让他们很犯难。

某基层农业部门负责人说，有的地方将建在农用地上超过一层的建筑物就认定为"大棚房"，实际上很多都是建在政策允许的设施农业用地上，而且盖两三层也是为节约用地，"这种超过一层就得拆的要求，让很多现代农业投资者损失惨重"。

追求"快速见效"，只能"先干再说"

一是盲目追求"快速见效"。在长江沿岸某地，畜禽和水产养殖业一度比较兴盛，在推动环境保护工作时，地方政府急于取得成效，直接推出了"一刀切"的关停措施。由于前期并未给群众预留足够的时间，突击关停，导致大量水产品集中上市，价格下跌，许多养殖户遭受了巨大损失。

一些地方在创建文明城市、卫生城市，或者对相关巡视工作发现问题进行整改时，往往希望政策"马上见效"，类似"无猪镇""无鸡镇"等环保要求，或者为推行火葬发生的"抢棺材"事件，背后都是追求政策出台、基层治理"立竿见影"所致。

二是政策制定缺乏统筹。有基层干部反映，当地推进农村厕所革命要求在限定时间内全覆盖，所有集镇、村居厕所都必须采用栅格式污水处理。实际上当地已纳入污水管网收集三年计划，各类生活污水都将集中收集处理。按现在的要求，设施用不了两年就都会"闲置"，造成资金浪费，基层很为难。这种"一刀切"式政策，就是缺乏统筹和弹性，在工作存在交叉的跨部门领域表现尤为明显。

很多"一刀切"问题出在部门出台政策前没有经过充分调研。有的政策不够细化，一根标尺应对基层千差万别的实际情况；有的政策缺乏反馈渠道，很多干部有意见不敢提，宁可先按政策操作，"出了问题再说"。

三是对政策理解不透，政策执行层层加码。北方某地农村居民表示，去年冬季，村里突然通知不让用煤烧炕，必须用电热炕板。还有村干部放话，发现谁家烧炕就要罚款。此后，当地政府回应称，当地是在倡导使用清洁能源并给予财政补贴，但有个别村干部对政策理解不透，"已对相关村干部进行批评教育"。

"'一刀切'现象在基层经常出现，背后也有政策执行层层加码的因素。"一位基层干部坦言，为了体现对上级部署工作的重视，一些地方把倡导性、引导性工作异化为强制性要求。这种"齐步走"的工作推进方式，表面看"有魄力""力度大"，然而落实的真实效果却往往适得其反。

"一刀切"式治理移花接木

"一刀切"式治理后果引起中央高度重视。目前国家相关部门与部分地区，出台相关举措针对性治理"一刀切"。

比如，中办、国办印发的《中央生态环境保护督察工作规定》中明确，采取集中停工停产停业等"一刀切"方式应对督察的党政领导班子主要负责人或者其他有关责任人视情节轻重将受到不同程度处分，甚至涉嫌犯罪的将移送监察机关或者司法机关依法处理。

　　然而，值得注意的是，有些地方"一刀切"政策开始搞移花接木。中部多家企业的相关负责人反映，遇到上级部门前来检查、督查时，地方政府担心指标不符合要求，就让企业一律采取停产应对。可在对外发布消息时，却说成"企业停产检修""企业升级改造设备"，本是地方的"一刀切"要求，却摇身一变成为企业的"自行选择"。

> ## 点评
>
> 　　杜绝"一刀切"治理方式，需改进政策执行传导机制，避免一推行政策，就"先干后说"，层层加码。
>
> 　　武汉大学社会学系研究员吕德文认为，行政体系天然具有惰性，如不加以动员，辅以有效的监督，很难实现政策意图。沉疴用猛药，借助政治势能和"一刀切"的方法来增强政策刚性，有时也是不得已的选择。然而，如果什么事、任何时候都用"一刀切"，就必然产生形式主义。很多基层干部都不同程度地被裹挟到形式主义工作中，且还承担着问责压力。对此，基层干部是深恶痛绝的，却也无可奈何。
>
> 　　杜绝"一刀切"治理方式，需要强化依法行政思维。
>
> 　　中南财经政法大学教授乔新生表示，首先要强化依法行政的法治思维，对没有相关法律法规、行业标准等政策支撑的行政举措，实施前都应经过合法性论证，不能"拍脑袋"就要求各地"齐步走""限期必须完成"；其次要加强治理精准化，在政策制定、执行过程中，应结合各地实际情况，充

分考虑不同区域、不同行业的差异特点，避免野蛮式、强硬式推进。

杜绝"一刀切"治理方式，需要提升政策举措精准化。

基层治理中，应当避免脱离具体实际的"一刀切"做法，克服急功近利和懒政思维，更多下"绣花"功夫，在政策制定和执行时，更加注重因地制宜、广泛听取群众意见，精准施策。

18

履职空转

借口

新华社发 朱慧卿 作

当下，乱作为少了，但不作为、慢作为不易根治，在一些地方甚至有抬头趋势。"人人经手，但人人不解决问题"的履职空转现象，就是一种表现。履职空转，空耗治理资源，耽误解决实际问题的时机。不少请示、批示转了一大圈，就是落不了地，问题还是问题，有些矛盾因为延误而激化。

棘手问题被"推来推去"

在基层，遇到难题怎么办？最佳方式当然是上下级齐心协力，各司其职，把问题解决好。

但在部分地区、一些单位，遇到难题，从下往上级级报，请示、汇报、送审；领导也不想、不敢找事，虽然从上往下层层批示，但多含糊其辞，并不提出具体的解决办法。你报上来我推下去，请示、批示循环几轮，陷入履职空转。

南方某县的一处湖面，历年来都是采砂区，采砂权早年也被拍卖给企业。前几年，地方环保督察后，采砂被叫停。不料，随着生态环境部提出制止环保"一刀切"现象后，采砂企业往省里和市里上访，认为是县里"一刀切"，要求对簿公堂，获得赔偿。

市里有关部门批示，要解决好这一问题。县里收到指示后，一筹莫展，当初关停也是落实上级指示啊，现在怎么办？想来想去，不敢自己做主，只能往上报，请上级界定是否属于"一刀切"。市里收到请示后批示，要严格按照相应的法规要求，做好环保工作和社会稳定工作。

接到踢回来的皮球，县里又开始新一轮"击鼓传花"，通过市里请示省渔业部门，请求能否对部分水面调整规划，用于合法采砂。省里不同意，但等信访问题再次出现时，还是要求地方自己处理好。

如此这般，请示、指示往复循环，问题还是没有得到妥善处理。

个个都是"二传手"，没有主攻手

除了棘手问题被"推来推去"，在常态化治理中，"文来文去"循环的履职空转现象也很常见。多名市县级领导说，近几年报上来等待签批的材料明显增多。

一名县长坦言，以前每天十几件待批件是常态，现在几十件是常态。很多报上来的材料中，下级部门以及分管工作人员的建议少了、带有思考性的意见少了，一级级签了三四个名字，但每一个人的意见都是"请××审定"。他说："有些情况，相关部门和分管人员原本是最清楚的，但不敢做决定、不愿拿主意、不想承担责任，直接一层层上报，上级单位怎么定？"

北方某省一个乡镇，一份关于乡村振兴的文件附页很厚，涉及中央、省里出台的关于乡村振兴的政策。这份文件的批阅栏里写着"请某某县长、某局长阅"，每个人的名字上都只划了一个圈。总共有十多个人圈阅，涉及农业、林业、财政等部门以及相关县领导，但没有一条具体意见。

当镇里干部期待市里和县里出台具体实施意见的时候，等来的却是带着一堆圈的文件。"圈阅一大堆，意见没一条。"中央、省里的文件是指导性意见，统揽全局，不可能面面俱到。要想具体指导实践，还得市里、县里和省里具体部门针对不同情况，出台具体的细则。

于是，基层干部向上级相关部门请示该如何做、能不能做的时候，得到的答复是"按相关政策规定办"。

履职空转其来有自，问诊空转，难在四大病灶

——部分干部缺乏斗争精神，不敢担当。

一些棘手问题延续多年，背后有复杂的人际关系，要解决这些问题，肯定要触及某些人的利益。一些基层领导干部，或是不愿得罪人，或是抱"新官不理旧事"的心态，或是认为多一事不如少一事，对问题视而不见、搞整改避重就轻，甚至导致旧问题未除、新问题又发。

——政策界定不清，职责切割不清，各级权责不匹配。

一方面，由于政策界定不清，导致部分工作存在争议，各级拿不定主意，确实在客观上导致了空转。另一方面，基层行政体制存在职责不清、权责不明的问题，部分工作存在上下级之间职能交叉、职能重叠，一旦出现问题，各级推诿责任。尤其对于乡镇一级来说，责大于权，既缺乏解决问题的手段和能力，也影响工作主动性和积极性，也就难以避免把责任往上推。

——利益关系牵扯，部分干部推卸责任，甚至主观上助推空转。

2018年，南方某地发生一起环保事件，该问题由来已久，省里相关部门多次推动，还派人到现场督办，但现场执法必须依靠县、乡镇来开展。由于部分基层干部与违法分子存在千丝万缕的利益关系，工作长期难以推动。

——问责泛滥，追责不切实际，趋利避害导致各级推责。

南方一市某局办公室主任说，过去对某些在自己职权范围内的待批件，自己做主签了，不必事事上报领导。但是，去年自己因某个间接问题被处分，问责原因之一就是没有及时报告上级领导。他说："从这之后，所有处室都不敢自己做决定，所有文件都要往上送给领导，我以前每年自己签字的100多份文件，现在全部送给局领导批示。"

中部某省一名副县长前期牵头推进一项工作，部分下属提出有难度，不敢担责。副县长说"依法依规推进工作，有问题我来担责，你们放手去做"；下属说"万一出了事，你是县领导，最终还是我们被追责"。这位副县长叹一口气："最终我让他们写报告，我签字同意，以后责任我来担。但很显然，不是所有县领导都会这么做。"

> **点评**
>
> 当前改革进入深水区，履职空转现象严重影响改革效能，亟待整治。
>
> 一是责任必须强化，基层反腐要进一步深入推进。
>
> 广西行政学院教授凌经球认为，针对思想根源问题、利

益关系问题，必须进一步加强作风建设，严格执行行政问责制，对不依法履职、不勇于担当、导致治理陷入"空转"的干部，要依纪依法依规处理。

二是理顺基层权责关系，理顺社会与市场的关系。

湖南省社科院研究员陈文胜认为，当前基层治理中，"超负荷运转"和履职空转并存，很值得思考。必须通过制度创新来解决治理体制的矛盾。一方面，要理顺各级权责关系，要适当放权，让基层权责匹配；另一方面，要理顺政府、社会和市场的关系，有的问题光靠行政权力难以推动，应该借助市场和社会的活力。

三是容错纠错机制必须切实建立，增强操作性。

北京大学廉政建设研究中心副主任庄德水认为，当前部分地区已在探索容错、免责制度化，帮助基层干部减轻"问责焦虑症"。但其中部分细则表述偏虚，需要更具操作性。可以借鉴部分地区施行的"党员积分绩效制"，对平时的工作履职进行积分，而一旦出现工作不到位，只要不是违法违纪违规，就可以考虑核减相应积分，不必动不动就问责处分。

19

"语言形式主义"假大涩

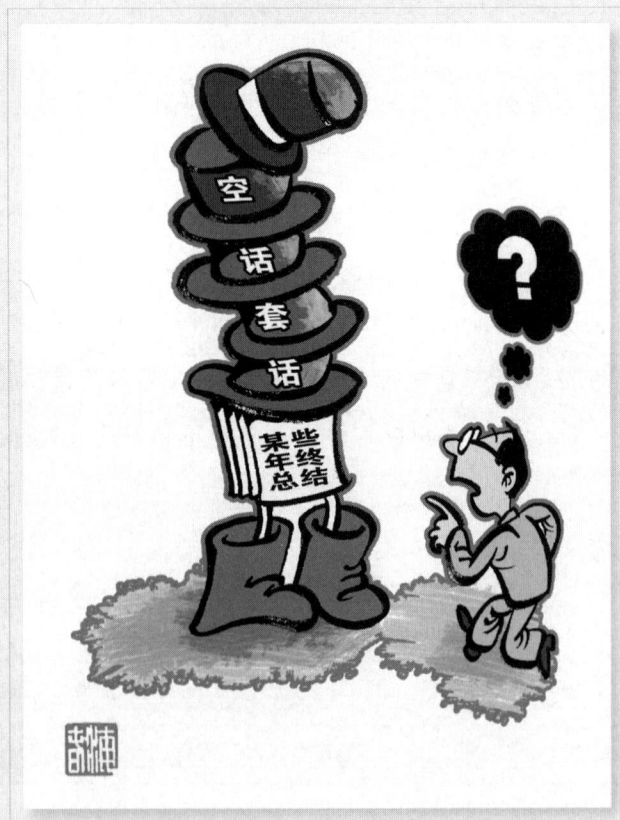

穿靴戴帽　　　　　　　　　　　　新华社发　商海春 作

当前，一些在职干部在公开场合不愿说真话、不想说实话、不敢说心里话，谨守"为官不言"原则，由此产生的干部"群体失语"现象在基层抬头，应当引起重视。

真话、实话、心里话，都成"稀缺品"

"这个话题我们就不谈了吧，不好说，说不好。"新春时节，一名副镇长言及上级政府部门的部分政策，选择了回避。

在中部某地，一名镇党委书记谈起基层迎接检查工作存在的问题时欲言又止。"我们就是做好自己的工作，别的也没考虑那么多。"最终，这位干部还是说出了自己了解的迎检乱象。只是，介绍完毕他不忘再次强调："一定不能写是我讲的啊。"

讲出"真心话"的干部，会收获什么呢？中部某地一名县级干部收获了一纸检讨。只因他在宣传当地旅游时讲了一句：我们这太穷了，广告费出不起，要学格力的董明珠，不请明星，自己做代言人。

随后不久，他就被上级领导找去谈话，领导严词厉色：你说你向董明珠学习，董明珠是谁？她是老板，你是老板吗？

与之形成鲜明反差的是，一些离职的干部，在反映问题、提出建议时会直接很多。中部一名离职县领导，就以敢言著称，不少谈及干部腐败问题、扶贫猫腻问题的犀利言辞都在网络上广为传播。部分已经退休的干部，同样敢于说真话、触碰真问题。"有的'一把手'只有两怕：除了怕在任的上级，就怕退休的前任。"

"语言形式主义"假、大、涩，造成劣币驱逐良币

现今，一些干部逐渐习惯了用正确的废话、漂亮的空话、格式化的"套话"、场面上的"应酬话"等表态式话语来替代真话实话。这类话语有三种典型表现：

一是"假"。"讲话没有不重要的，鼓掌没有不热烈的，领导没有不重视的，进展没有不顺利的。"网上曾有很多段子，其实今天现实中依旧存在。诸如"高度重视、深入贯彻、亲自指挥、反响强烈、效果明显、成绩巨大"之类的"关键词"，可谓是起草发言稿或工作总结的万能元件，几个这样的词一镶，一篇四平八稳的会议八股就完成拼装。

二是"大"。三五分钟就能说明白的问题，要分三五点展开，点下有小点，结果半个小时讲不完。

三是"涩"。借着上面有了新精神，下面出了新问题，炮制一些堂而皇之的新名词，翻出一些自己未必懂的生僻术语，让听众带着一头雾水鼓掌。

有意见选择保留，有不满私下"吐槽"，有怨气藏在心里……真话实话得藏在肚子里，假大涩话语成了场面上的"硬通货"。

"语言形式主义"滋生"语言腐败"，让工作关系变味

工作中，不难发现一些下级干部在一些正式场合，对领导言必

称"尊敬的""重要讲话",看似客套礼仪,实则是语言形式主义。说的人固然谨小慎微,听的人也未必不累。类似繁文缛节的形式主义,增加了基层负担,拖沓了工作效率,让清清爽爽的同志关系也有些变味。

一些干部对上级领导的尊敬,不是放在心里,而是挂在嘴上。他们嘴上说领导讲话重要,现实中具体工作上却又并不怎么落实。言必称"尊敬的""重要讲话",营造出来的是一种溜须拍马、唯唯诺诺的不良风气。在这种"软腐败"中,语言已不是正常交流沟通、传递真实信息、解决实际问题的工具,而是追求个人私欲、逢迎庸俗关系、热衷表面文章的一种手段。还有干部擅长以"语言形式主义"作为敲门砖,久而久之,从"语言腐败"到实质腐败,结成腐败"小圈子",危害很大。

"语言形式主义"影响工作实干。长期对自己自吹自擂,对别人阿谀奉承,就会导致在工作中说假话、报假情,干事虚浮不实。比如有的干部在总结汇报工作时,只摆成绩不讲问题,批评蜻蜓点水,问题一带而过;在民主生活会上给领导罗列"光荣的缺点",搞"为尊者讳";对工作中的矛盾和隐患不是采取实际行动去解决,而是通过语言形式去刻意掩饰。

点评

干部们不愿说真话,其动机、心态各异,但多是基于趋利避害的现实考量。

深圳市委党校教授宋腊梅认为,讲真话不仅需要个人的勇气，更需要有一个能够讲真话的氛围。本来，官员讲真话自是必然，毋须提倡，可是，有一些领导就是喜欢听拍马的好话、漂亮的大话，不愿听不同意见的真话。

"让更多人讲真话，必须先要有能保证讲真话的制度安排和民主手段才行。"宋腊梅说，关键是要做到让干部不会因为讲了真话而被"穿小鞋"和"坐冷板凳"，更不会被打击报复。另外，还要做到"真话管用"，换句话说，只有当人们意识到讲真话没有什么成本与代价，从而不必顾虑这顾虑那时，讲真话才会成为可能。

一方面，给了解情况、敢于直言的基层干部以发声的渠道和空间，辅以必要的保护机制；另一方面，领导干部要带头改变作风，开会不讲大话套话，不念空头讲稿，鼓励立足调研、根据实际的"即席发言"，由此以上率下，带动风气扭转。同时，把领导干部发言落实情况列为考评重点环节之一，在问责中也予以体现。

要加强干部队伍的思想道德建设，充分认识和高度重视语言腐败的政治危害，大力去除"语言形式主义"的话语体系，特别要针对官场假客套加以整顿。整治"语言形式主义"，本身就是对形式主义突出问题的具体解决，更是整治不良政风的突破口，对解决其他形式主义问题具有示范效应。若是一方面强调要为基层减负，另一方面却在称呼问题上都不能清清爽爽，而是继续吹吹拍拍，可想而知，结果可能是用一种形式主义替换另一种形式主义。

要加强问题导向的制度建设，明确将语言腐败纳入政治

纪律的惩治范畴。没有惩治措施，就没有畏惧。应尽快改变
政治纪律在规范和惩戒语言腐败方面的误区和盲区，全面细
化、加强和完善制度建设。

20

警惕减负假象

疫于应付　　　　　　　　　新华社发　朱慧卿 作

中央有关解决形式主义突出问题的通知接二连三下发，一系列硬举措切实为基层松了绑减了负，让基层干部能够更多地出实招、干实事。不过，基层形式主义的土壤并未完全铲除，一些减负假象尤须警惕。

减负"口号喊得响，获得感不强"

有的地方大会小会讲要破除形式主义给基层减负，但实际却是雷声大、雨点小，基层干部并未看到上级有关部门落实中央文件的相关举措，传统的形式主义表现仍大行其道。

一名党政部门的工作人员说，自己抄学习笔记累得筷子都拿不起来了。"因为上面来检查各种学习笔记，一查就是 5 年的，如若笔记不完整，能在 3 日内补齐便可既往不咎。如此一来，全县很多干部疯狂补笔记，有的人一天就抄了 5 个笔记本，抄得晕头转向，根本不知道抄的是什么。"

形式主义新"变种"

有些地方，虽然明面上的形式主义少了，但是一些形式主义"变种"却换汤不换药。

——"红头"少了，"白头"多了。

中央有关减负文件下发后，各地各部门文山数量明显减少。不过仍有一些基层干部反映，需警惕文山出现的新变种。

比如，一些文件不用红头，而是改用内部通知、口头传达、传真、电话、传照片、便签通知等形式。"实际上还是一样的工作，对于基层来说都是一样干活。形式变了，内容不变。"一名政府工作人员说，因为来源复杂、管理不规范，一些地方收文负担反而更重了。

同样，华北地区某县一名政府工作人员说："每天报给书记、县长的文件还是一摞一摞的。估计把每天的文件都看完，就得大半天。"

不仅如此，基层线上业务越来越多，"网络负担"趋重。多地基层干部表示，工作中依然存在使用微信群、QQ 群泛滥的问题，不管哪个部门、哪个单位，几乎都有自己的各种群，有个别干部为了自己工作方便，也会单独建群，不少工作"群来群往"。

"一个工作群，群主发一个文件，会 @ 所有人，下面都是'收到'。我每天需要不停'爬楼'，否则就看不到。"一名乡镇党委书记介绍，通过 QQ、微信等线上方式发布工作任务的情况尤为普遍，基本操作就是"收到"+"转发"，一个都不敢漏下。

一些地区为了严控"减文"指标，甚至降格发文。"有一项工作按照部署，应该以我们上级部门的名义下发文件，但是因为其发文指标用完了，只能改为我们几个平级部门联合发文的形式。"一名干部说，这就人为地给文件降级了，其权威性会打折扣，对工作落实带来负面影响。

——会议改头换面，时长还可压缩。

一些地方虽然数据显示会议数量整体减少，但有干部反映，开会负担仍然较重，减负缺少获得感。

"上午1个，下午5个，一天开了6个会。"这是一名镇党委书记发的一条朋友圈，并配发了会议照片，几条会标上分别写着"河湖清四乱工作推进会"等。这名镇党委书记说，下午5个会套开，一个会换5个标，虽然包含多项内容，但算作一个会。

这种情况并不少见。为了完成减少会议次数的指标，不少地区都将会议套开，也就是一个会议包含多项内容。如果是乡镇干部，可减少一点开会的路上时间，如果是机关干部，开会时间减少不明显。

有的会议改头换面，变成"调研""检查"。"本来一项工作应该集中到市里开会，现在就分成几个片区，把周边几个县区都集中到一个县，以调研的形式来开会。"一名机关干部说，号称是调研，到几个点走走，主要内容还是开会，这样能减少会议统计的次数。

一些视频会在基层执行中也走了样，有的乡村干部开会不减反增。"省里开视频会，乡镇干部已经参加了。但为了落实好会议要求，市里要结合本市实际情况推进，乡镇干部又参加市里视频会。县里同样结合本县实际落实，针对一项内容，我们就得开3遍会。"多位受访乡村干部说，视频会本是为了"一竿子插到底"，减少会议数量，但一些地方变成了层层开会，乡镇干部层层陪会。

有基层干部感慨："光落实一项金融扶贫政策，我们去市里开过一次会后，又去县里开，接着乡镇又开了一次。其实会议内容基本都是一样的，三番五次开同样的会，太耗费精力了。"

还有些会"不分时候"。一名村干部说，秋收时节是村里最忙的时候，但是大大小小的会议不断，一周两三次，有的会一次就开半天。"有些会议只是布置日常工作，如防火等，基层都有经验，只需电话通知即可，没有必要都把人召集到县里。"

值得注意的是，会议、文件仍是当前不少工作考核检查的重要指标。不少督导检查要看会开没开、有没有会议记录，甚至照片、视频和录音。谁也不愿意因为一场会被问责，所以但凡有要求都照开不误。

——要材料急、报表负担重。

华北某省会城市一名学校老师说，中央关于解决形式主义问题的文件下发没几天，他们学校便接到有关部门通知，要求报送学校解决形式主义突出问题的举措，而且要得非常急，第二天便要报上去。"破除形式主义需要深化改革，久久为功，怎么可能一两天就有了措施，这不是以形式主义反对形式主义吗？"这位老师说。

一名乡党委书记感叹时间精力虚耗：如今，上级每天都在要各种报表，总体算下来，乡镇干部一半多的精力仍在做"无用功"。

点评

中国人民大学国家发展与战略研究院研究员王水雄认为，整治形式主义为基层减负，不是一朝一夕就能完成的，必须长期坚持，久久为功；需要标本兼治，打出"组合拳"。

一方面，要继续给文山会海等基层负担"挤水分"。

减负应适当压缩会议数量和时间，切实增加会议含金量，多讲问题和方法，让会议言之有物。上级可通过调查问卷的形式，听取基层干群反馈，检验会风，尽量减少"可开可不开的会"、重复会、陪会等现象发生。

应特别重视健全内部办公系统，提高政务信息化水平。可分行业、分层级建立覆盖从中央到地方的政务办公系统，将各个门类、不同级别的文件、政策，以及最新中央精神、部署等进行梳理，各级干部根据等级及工作需要从办公系统中查阅，让信息多跑路、让干部少跑会，提高办公效率。

另一方面，要完善考核评价体系，避免矫枉过正，谨防"数字减负"。

减少红头文件、套开会议是好事，但减负单纯以文和会的数量为标准，还不够科学。在强调会议、文件数量考核的同时，须引导基层充分考虑会议实效。受"不开会就是不重视、不传达就是没落实"等思维影响，一些基层干部习惯性通过会议、文件等形式传达落实、推进工作。一些上级对下级的工作检查、督导，更加注重以实际工作效果为衡量准绳。

基层负担重，表面上是会议多、文件多，根子上是工作方法不多、治理能力不强。面对新形势新工作，一些干部本领恐慌，除了发文开会不知道如何干工作、抓落实，可通过典型宣传、经验分享、业务培训等方式，引导基层创新工作方法，提升解决实际问题的能力。

21

诬告成本低，一告事就"黄"

亮剑斩"诬蛇"　　　　　　　新华社发　商海春 作

捏造"情况反映"，借信访举报对他人进行恶意诬陷；干部换届考察等"关键时刻"，故意进行不实举报，试图影响相关工作……近年来，随着各地对于问题线索的查处力度增大，一批"问题干部"被及时查处；但同时出现有人为达到个人目的，借信访、举报、投诉等途径进行诬告等问题。有的地方甚至出现一告事就"黄"，遇到举报就先把相关干部"放一放"的怪现象，极大地挫伤了干部的积极性和工作热情，同时严重影响了地方政治生态。

"一封信、几角钱、查几年"

中部地区某扶贫干部，被举报存在向一位村党支部书记"打招呼"，由该村出资为一名土地承包大户修建泵站的问题。

但地方纪检监察部门介入调查后发现，土地承包人承包土地时，是严格按照"四议两公开"程序进行，其中并无违规违纪操作现象；而修建泵站的决定，是在土地承包之前就已作出，并非为了照顾特定人员。

虽然被举报问题最终查清，但这名扶贫干部的情绪明显有些低落："一门心思干工作，却被人暗放冷箭，遭人流言蜚语，不但分散工作精力，而且感觉寒心。"

类似遭遇的基层干部有不少。大别山麓一名副镇长，因被举报而遭受调查。在与调查人员的交流中，他得知，被举报的问题之一是"开展工作中存在优亲厚友谋取私利问题"。这让他感到无奈："我的籍贯不是本地，没有亲戚在这里，肯定没有'优亲'，'厚友'

等问题也不存在，我愿意全力配合，接受组织一切调查。"

还有部分干部，平日里少有"告状信"、举报信，但在被公示提拔、获得荣誉表彰等"关键时刻"遭遇举报。

武陵山区的一名县级领导干部，在当地有着很好的群众口碑，并以实干著称，但在即将升迁之际，被人列出"六大罪状"，不仅有"心胸狭隘，借反腐泄私愤"等与实际情况不符内容，在朋友圈获得点赞也被称为"接受精神贿赂"。

湖北省纪委监委调研显示，恶意诬告行为五花八门：有的故意捏造"问题线索"，借信访举报对他人进行打击报复；有的在换届考察前夕，故意制造"黑料"，给他人"使绊子"；有的因为自身不合理诉求没有得到满足，肆意造谣中伤他人……

不实举报中，很多涉及的事情虽然不大，但因为举报内容多样且有的内容故意含糊不清，完全调查清楚并不容易。基层群众调侃"一封信、几角钱、查几年"，恶意诬告行为的总量可能不大，但"杀伤力"很大，让不少党员干部泄气、伤神、寒心。

一告事就"黄"，多类不实举报困扰基层

不少不实举报或是恶意诬告行为，对干部产生了直接、明显的负面影响。

一告事就"黄"的问题，在不少地方客观存在。有的地方，被举报的干部正处在考察任用之际，但由于举报的问题尚未查清或者一时难以查清，上级径直选择从备选名单中剔除这名干部，或是终止相关任用程序；也有的地方，久查无果后，最终不了了之，对干

部本人也没有任何反馈，让蒙受"不白之冤"的干部又背上了"思想包袱"。

其中，不少被恶意举报、诬告的人员，处在直面矛盾的一线，原本是想干事、肯干事、能干成事的干部，但在坚守工作原则底线或不向违纪违法行为妥协时被恶意举报。

多名纪检监察干部及组织系统工作人员，梳理了常见的几种进行不实举报、恶意诬告，最终经查并不属实的现象：

——编造式举报。相关问题并不存在，举报人出于政治目的、个人恩怨、嫉妒心理等，故意编造虚假问题线索，捏造事实，伪造证据，制造、散布谣言，对干部进行举报、诬告。

——夸大式举报。有的举报人，并不掌握具体的问题线索，或是掌握的线索与干部个人违纪违法无关，但在举报中，故意夸大相关问题的严重程度，或是故意"上纲上线"。

——挂名式举报。为了引起纪检监察机关的重视，有的举报人甚至借用别人的名义举报，或是在举报信后虚列大量并不知情人员的姓名，进行虚假的"实名举报"。

——重复式举报。举报人在举报线索已经被查否，并得到相关部门反馈或是澄清之后，继续向上级部门或是其他部门重复举报、恶意诋毁他人，令被举报干部不堪其扰。

中部某地级市曾对 4 起被不实举报的案例进行澄清。当地纪委相关负责人坦言，其中，有人是在执纪执法岗位得罪人较多而遭人报复，有人是在精准扶贫领域向不作为、乱作为现象勇敢"说不"而被人诬告，有人则是因为在依纪依规处理套取自然灾害补助资金违纪问题上让人不满意而被举报。

点
评

"花上八毛钱，折腾你一年！"告状信满天飞，必然会对有担当、敢作为的干部造成影响和干扰。除了工作之外还要拿出大量精力防备"暗箭""冷枪"，久而久之，冲劲十足的干部就会变得畏首畏尾，凡事都不敢得罪人，甚至转为"不求有功，但求无过""多一事不如少一事"。若干部有了这样的心态，何谈深化改革？何谈敢于斗争？何谈追梦圆梦？

如果告状的人越来越多，那么干活的人就会越来越少。尤其是现在，告状几乎是零成本。告状者不论是否了解情况，甚至是基于谣传，都可以告状。因此，对恶意举报、乱告诬告必须下大力气解决，否则后患无穷。

中国地质大学（武汉）马克思主义学院党的建设与社会治理研究中心主任岳奎认为，诬告陷害、恶意举报之所以屡屡出现，"成本低"是重要的原因之一。"一些人为达到个人目的，恶意诬陷他人，不仅损害了党员干部的个人名誉，挫伤了干事创业积极性，也浪费了监督执纪资源，影响了政治生态。这种现象必须扭转。"

湖北省纪委监委相关负责人介绍，恶意诬告与一般的错告有着显著区别。"一般错告主要是举报人对政策理解偏差或有误解，在相关部门及时解释后就能消除疑虑；恶意诬告则明知所举报的情况与事实不符，但为了打击、报复他人故意为之。对此，不能放任。"

2019 年 10 月，湖北省纪委监委出台《关于鼓励和保护干部干事创业的意见》，其中明确提出，严格规范函询，防止对干部造成不应有的精神困扰，"对信访举报内容不具体、可查性不强的，一般不作函询，可以通过谈心谈话提醒等方式处理""对信访举报反映的问题经查不属实的，应当在适当范围内给相关干部予以澄清正名，并向组织部门予以说明"。

在及时为被不实举报干部澄清、"正名"的同时，也要加大对实施诬告行为人员的打击力度，必要时应及时启动反向调查程序，依纪依法从严从重惩处。部分地方纪检监察机关探索实施的"对查实确属诬告者，通知诬告者本人并向所在单位通报，情节严重的立案调查"等，具有借鉴意义。

22

"讲规矩"还是讲真话

这种风格领导肯定喜欢

年终总结模板

在上级领导的关怀下……

年终总结

在上级领导的关怀下……

模　板

新华社发　程硕　作

敢讲真话、真实反映问题，是大家眼中干部最值得肯定的品质之一，也是担当精神的具体体现。但部分基层领导干部对此仍然认识不到位，把下属反映问题当成"捅娄子""使绊子"，使用各种或明或暗的手段加以惩治。

一些时候，领导迫于压力把问题解决了，顺便也把直言干部"解决"了。如此风气形成"潜规则"，干部"充哑"，领导难免"真聋"，其结果，可能是小事拖大、大事拖炸。最后恐怕是各项工作"哑火"，岂能等闲视之？

谁反映问题，谁去解决问题？

东部某县召开反对形式主义、官僚主义，切实减轻基层负担的工作交流会议，乡镇为此开会讨论，准备向上反映问题。

工作人员小李想起来最近当地在搞人大代表脱贫攻坚基层宣讲活动，对象是贫困户，人大代表讲的却是企业安全生产、未成年人保护，下面听得一头雾水。他向镇领导反映，这种情况应该先向群众征集选题，再去联络合适的讲课人，让宣讲题目尽量"管事"。

问题说完了，得到领导肯定，自己却"摊上了事"："问题抓得很准，但这次就不往上报了，咱们可以从自己改起，这件事要不就由你来落实吧。"

有基层干部直言，上级督查的问题下级得干，下级反映的问题最后也得自己干，到最后也就没有人傻到去反映问题了。"所有吐过的槽都会变成锅砸在自己身上，就像迎风吐口水，糊自己一脸。"

不少乡镇干部透露了类似的焦虑——原本想向上级反映所在部门自身存在的问题，最后上级却要求他们自己想办法克服。

一名在环保部门工作的基层公务员说，自己在一个场合意外发现了其他部门的一起访情，出于责任心就向共同的分管领导汇报了此事。本以为，自己只是"友情"提供信息，没想到分管领导要求他"顺便接手处理"，找到上访人做好安抚工作。"各部门都习惯了各司其职，不属于我分管的事情，也要我去处理，步子迈不开啊！以后再也不犯傻反映问题了。"

"敢就事论事反映困难的，那都是工作不久的年轻人。工作十来年的干部早就学乖了，凡事等着上级出政策，领导出主意。"一位干部这样总结。

问题解决了，"反映问题的"也解决了

王聪（化名）是一名机关干部，每天工作量不算太大，可他坐在办公桌旁始终觉得浑身不自在。为什么？因为他是被迫从第一书记岗位上提前"撤"回来的。要说原因，不过是反映了一个在扶贫中遇到的真问题。

2017年，王聪主动申请到某贫困县担任驻村第一书记。为了帮村民们脱贫，他筹划了一个养猪项目，向县扶贫办申请了20万元资金，并顺利通过审批。扶贫任务重、时间紧，项目实施等不及资金调度，王聪决定先借钱把项目搞起来，想着扶贫资金到位后就还。

可一年多过去了，老母猪产的小猪仔都出栏了，资金还只拨下来一半。眼看着还钱要犯难，他一趟趟跑县财政局、扶贫办，一次次找县领导，摆困难讲道理，只换来俩字："等着！"

忍无可忍之下，王聪向媒体反映"扶贫资金拨付不如母猪产仔快"。这一下，上级领导重视起来，县里马上开会部署整改，拖欠的扶贫资金很快拨付。

不过，拨下来的不止有扶贫款，还有县领导的各种责难。王聪被要求做书面检查，让他感到很委屈："我说的都是客观事实，为的是尽快解决问题、维护群众利益，一没诬告、二没陷害，凭什么要我写检查？"

当地一位干部谈起这件事一脸不屑地说，这个人性子直，有点蠢，以后甭想在这儿混了。对此，王聪既气愤又无奈："要是都不说真话，都不敢指出问题，那要我们这些干部还有什么用？"由于拒不承认"错误"，王聪在当地的工作越来越难开展，最后只能提前结束第一书记的任期。

在基层，王聪的遭遇并非个例。因讲真话被"一起整改"的现象仍时有发生，有的甚至因此被"打入冷宫"。

在煤炭行业某国企工作的李前进（化名）就有这般经历。几年前，他向上级领导反映，由于相关政策出台缓慢，影响煤炭去产能进度，很可能年内无法完成矿井关停计划。很快，相关部门就派工作组来调查情况。这家国企的负责人得知后勃然大怒，认为李前进嘴巴不严，自曝家丑，很快就将其调离核心部门"晾起来"。

点

评

　　除了在现实工作中不敢反映问题，在网络社交中基层干部也不愿谈问题。"别说直接跟领导反映问题，就是在微信朋友圈看到一些针砭时弊的文章，我们也不太敢转发。"一名基层干部说，有些问题本单位也存在，领导看了怎么想？

　　一名在政策研究室工作的基层公务员说，自己在社交媒体上表达有三怕：分享跟自己工作有关的，怕别人觉得在影射；发跟工作无关的，怕被人觉得不务正业；关注时政热点只敢转赞不敢点评，怕的是失言。

　　从网络上敢点赞不敢评论到现实中会议有"会"无"议"，基层干部想说不敢说、不能说、不愿说，这种表达焦虑背后的问题值得关注。正如一些学者分析指出的，当前，基层干部的沉默已从传统的"组织内沉默"发展到"组织外沉默"。

　　只是，不发表意见，不代表没有意见。不能让最有发现问题的"眼睛"、最应该讲出问题的"嘴巴"，因为无法承受反映问题的风险而堵塞。长期有话难说，有怨无声，势必导致基层治理隐患重重，小事都可能引发大事。

　　中南大学公共管理学院副教授刘学平等专家指出，为基层减负，也应减去基层干部"反映问题之负"，当给反映问题一定的"独立性"，让其不必与"接锅"挂钩；相当的"容错率"，让大家不必猜着领导的心思，掂量自己的说法。

　　实事求是历来是我们党的思想路线，中央有很多文件、条例都明确要求干部群众要讲真话，领导干部要听真话。

《关于新形势下党内政治生活的若干准则》明文规定，对坚持原则、敢于说真话的同志，要给予支持、保护、鼓励；党组织既要严肃处理对举报者的歧视、刁难、压制行为特别是打击报复行为，又要严肃追查处理诬告陷害行为。

中央党校（国家行政学院）教授汪玉凯建议，及时完善制度设计，畅通基层干部群众向上级部门的申诉机制，形成立体化的监督和制约体系。目前基层工作任务重、压力大，动不动就要考核问责，因此容错机制也要跟上步伐，为勇于创新、积极作为的基层领导干部提供干事探索的空间。

"形成合理的容错纠错机制，为基层减轻压力和负担，这样基层领导才能对干部群众客观反映的问题更加宽容，形成有则改之，无则加勉的良好风气。"汪玉凯说。

23

以形式主义掩盖"本领恐慌"

满满"干货"

新华社发 曹一 作

面对越来越重、越来越新的工作任务，基层干部普遍反映存在不同程度的"本领恐慌"：有的因经验老化"不会干"，有的因专业欠缺"干着急"，有的对新事物"跟不上"……部分基层干部寻求形式主义来应付，靠玩虚活儿掩盖"本领缺失"。

老经验遇上新问题，能力不够真无奈

4年前，在乌蒙山贫困山乡，当地政府为了让贫困户有持续增收的产业，给贫困户购买了山地乌骨鸡鸡苗，推广种植了400余亩中药材。但是现在，这个扶贫产业项目实施并不理想，中药材种植效果不佳，养鸡也没有形成规模。

"产业不成功虽说有土地、气候因素，但还是帮扶干部能力有限，前期调研不深入，后期市场开拓也不到位。"一位驻村帮扶的第一书记说，产业计划不理想引发了不小的"本领恐慌"，甚至是"自我否定"。

满怀激情冲锋陷阵，旧经验遭遇新痛点。在湖南一个山区乡，公务员小王平时工作积极主动、认真学习，积累了一些工作经验。不久前乡政府接到征拆任务，小王主动要求"打头阵"做拆迁户思想工作。可几次接触下来，他发现这工作远比想象的难。平时侃侃而谈的他，面对拆迁户却"一句话也说不出"。缺乏缓解对抗情绪、回应不合理诉求的经验，让小王突感无从下手。

专业技能要求高，能力欠缺"干着急"。中部某县委办常务副主任说："当前乡村振兴中惠民政策和资金落地，要走项目管理的形式，从下往上申报项目，最先做方案的就是镇村干部，可他们根本不具备发改、招投标、规划等专业技能。"

"我是忠心耿耿，却不知咋整。"中部某镇帮扶干部说，他以前每个月至少要去帮扶对象家中两次，解决一些生活上的难题，现在走着走着不好意思去了，因为心里没底气。"项目选择难、实施难、配套难等问题，自己没法解决。能力不够真无奈。"

老办法对新事物"不灵"，基层干部"畏战""畏难"。2018 年，中央启动建设新时代文明实践中心试点工作，湖南某镇党委书记召集班子成员和各村支部书记集中学习讨论时，不少基层经验丰富的干部流露出不安、恐慌等情绪。"之前没接触过，老办法不管用。"

欲以形式主义掩盖"本领恐慌"

在国家治理现代化大背景下，当前各种创新与试点密集推出，一些基层干部一时适应不过来。同时，群众对行政部门与公共服务的需求攀升，希望基层干部事事都懂、事事都能解决。

"既要基层干部成为多面手，又要样样精通，许多基层干部犯了难。"西南某脱贫乡负责人说，全乡脱贫后，接着就面临乡村振兴。虽然两者主要发展方向、主攻群体相似，但实施路径、方式、侧重点都有所不同，很多干部对乡村振兴"说不出个所以然"。

西南某地要求农业专业合作社在贫困村全覆盖，政策本身没有问题，但基层干部缺乏对市场的敏感，对合作社监管也不太懂，最终一些合作社成立没多久便运转不畅，沦为"空壳合作社"。

在自身本领不够的情况下，基层干部内心纠结：想务实思考但时间不够，想创新推进又怕"弄巧成拙"，就采取一些形式主义的手段来应付和凑合。

"很多时候大家不知如何把握新政策、新规定，只好通过搞公示、走程序来免责，公示成为'挡箭牌'。"一名长期从事农村工作的干部说，有的村一年公示多达200次，具体落实成效却无人关心。

一些基层干部坦言，不应该搞形式主义，但对一些专业性强、探索性强的创新举措，在能力和水平有限的情况下，要敷衍过关。

点评

忠心耿耿，不知咋整，本领不够"虚活儿"凑的现象，暴露出部分基层干部本领恐慌的本质。因"本领恐慌"进而衍生的形式主义，应引起重视。

如何破解？应从内外两个维度发力。

从自身而言，基层干部必须走出"舒适区"，迎难而上，主动对标治理现代化要求，提高自身能力素养。中南大学公共管理学院副教授刘学平表示，一些基层干部存在一定程度上的思想懈怠，工作易流于形式，思维停留在过去，亟待强化自我学习。

湖南省长沙县高桥镇党委副书记陈昱烨说，她学的是法学专业，如今分管农业农村工作，"跨界"工作最开始不太能适应，但是经过持续学习，对情况越来越熟悉，"自己重视多点，本领恐慌就会少点"。

从外部而言，要解决一些部门简单充当政策与任务的"中转站"。云南省西盟县勐梭镇班母村第一书记王波表示，上级部门要有担当精神，在传达落实政策文件时，不应该简单地布置、传达以及督查，而要与基层干部一起想办法、为基层出主意。

湖南一名乡镇干部说，"一根针最多穿两三根线，一把线穿不过去"，必须切实给基层减负。基层干部只能解决属于自己的"本领恐慌"，超出职责和能力范围的事不能推给基层。

做好业务工作传帮带，培训学习不能流于形式。云南省镇雄县以古镇岩洞脚村第一书记刘让云建议，创新开会、学习的方式，即便是"以会代训"，也应该加入其他地方好的经验做法，以鲜活的案例解析政策，从而提升借鉴推广的可操作性。

24

"听命办事" 陷两难

不许任性

新华社发　商海春　作

有基层干部坦言：有时领导的要求、指示"踩红线""打擦边球"，甚至明显违纪违法，作为下属明知是"坑"，迫于种种原因却不得不执行。"执行吧，违纪违法，哪天查出来了，肯定要问责；不执行吧，提要求的是领导，你还想不想在单位混？左右都是'坑'，这种情况很普遍。"中部省份某乡镇干部说。

"领导指示无论对错都执行"

中部某省会城市一 80 后干部最近遭遇了尴尬——提拔公示期间被举报了。

这名 80 后干部原本在某市直部门担任办公室主任，组织准备提拔他为单位副职。但在任前公示期间，他被人举报违规接待，违反"八项规定"精神。

纪委介入调查发现，举报事项基本属实。不过，这名 80 后干部并没有主观故意，违规接待、套用公款都是单位主要领导指示的。上述纪检干部说，他是单位办公室主任，肯定知道这么做不对，但是他还是按照领导要求做了。

每年秋季开学前夕，中部某县教育局长就会关机"玩消失"。"年龄不够的、择校的、转学的、换班的，托关系的人实在太多了，我根本应付不过来。"这名教育局长说。

但这位教育局长坦承，如果"关系硬"，有县级以上领导"打招呼"，尤其是书记县长"发了话"，即使明知不符合规定、对其他学生不公平，他也不得不想办法"搞定"。

东部某省一些乡镇干部反映，"领导指示无论对错都执行"的情况在基层比较常见，不少干部都会遇到类似情况：领导交代的任务，不办不行，办了又违法，进退两难。

"违法征地，未批先建，突破规划，公款送礼，超标准接待……这些基层多有发生的违规违纪现象，大多决策是领导，执行是下属，下属背着领导乱来的情况比较少见。"中部某省巡视办一位常年参与巡视的处级干部说。

执行错误命令容易进"坑"

南方某县一返乡老板在某乡镇风景区内建起了大型违建，被群众举报后，这个乡镇的国土、规划等站办所负责人被问责。

"没办任何手续，规模搞得那么大，一直不管不查，哪里是这些站办所负责人能决定的？如果县领导、乡镇主要领导不发话，这处违建根本起不来。被举报了，就找些下属来'背锅'。"当地一名干部说。

在基层，会议纪要很重要，通常被认为是集体决策。但在一些地方，也出现过干部执行会议纪要被判刑的案例。

河南永城市城乡规划服务中心原主任夏某，按照政府相关会议纪要，违规给开发商办证，允许其增高楼层。法院一审判决后，夏某不服，上诉称他是执行职务，主观上并无滥用职权的故意。二审法院最终认定，夏某行为构成滥用职权罪。

东南沿海某乡镇书记认为，执行政府会议纪要本身无可厚非，但如果会议纪要明显违反法律规定，明知违法仍然予以执行，其实是"往坑里跳"。

福州大学法学院教授汤黎虹说，早在几年前，有红头文件推销烟酒的，有红头文件为违法犯罪干部求情的，这些都如同违法会议纪要一样，都错误地运用了纪要或文件形式。

"以前，类似执行政府文件行为，即使犯了错，违了法，也往往被认为情有可原。但现在情况不一样了，这对所有基层干部都是一个警醒。"汤黎虹说。

点　评

上级命令不论对错都要执行，基层干部陷两难的现象，本质上来说是官僚主义、命令主义盛行的恶果，催生了不讲原则、媚上欺下等不正之风。

公务员法规定，下级认为上级决定或者命令有错误的，可以提出改正或者撤销。但因种种限制，很多时候基层干部很少跟上级较真。

不少基层干部反映，直接领导和单位"一把手"非常重要。在单位考核、评价、奖惩、晋升、调动等方面，他们拥有很大话语权。不到万不得已的地步，基层干部不敢也不愿"得罪"他们。

少数领导干部看准了基层干部的这个心理，在提要求、下指示的时候，极少考虑后果和下属感受。个别领导干部对下属讲"我不管你用什么办法，我只要结果"，强烈暗示下属采取非常手段。

　　化解"不办不行，办了违法"的困局，要追本溯源，约束权力。一些基层干部反映，在现阶段，下级给上级提意见，或者抵制上级错误命令，在操作上还有很多不顺畅的环节。

　　要提高基层决策规范性。在基层决策过程中，应特别注重依法依规、程序正当，通过集体决策、痕迹管理等方式，防止个别领导"决策拍脑袋、表态拍胸脯、事后拍屁股"，不给执行层挖坑出难题。

　　同时，要注重对各级领导干部运用法治思维、法治方式处置事件能力的教育培训工作，规范考核评价体系，将普法宣传融入决策、管理、服务和执法全过程。

25

"断头式" 调研

"蜻蜓点水"

新华社发　徐骏 作

调查研究是我们党的传家宝。调研就是要把党的部署与各地工作紧密结合起来，倾听社情民意、破解问题矛盾。但是在基层，一些地方调查研究走了样：有的调查研究"嫌贫爱富、舍远求近"，有的调查研究虚头巴脑拿不出实招硬招。为迎接上级调研，基层一把手成了"陪调"必需品，"迎调"成了基层新负担。

示范点络绎不绝，落后地门庭冷落

中部某省相关部门曾选取 6 个县区作为样本，对涉及样本的"调研"情况作了一次调研。其中，3 个县是交通不便、基础较差、经济落后的县区，另外 3 个则交通便利、基础较好、经济发达。

对比发现，2018 年，中央和省、市级到先进县区的调研平均数为 71 次，到落后县区的调研平均数为 20 次，两者相差 51 次。其中到离省会较近的一个县调研多达 93 次，到较远的黄河岸畔的一个县调研只有 9 次，两者几乎相差 10 倍。

在被调研的 3 个先进县区中，有 1 个县在 2017 年 4 月 25 日一天就接待了 3 批 62 人调研；另一个号称"全国百强"的县级市，其发达乡镇在 2018 年接待调研 20 次，同属一个市的欠发达乡镇则为 0 次。

此次调研还发现，一些领导干部选择调研课题时挑肥拣瘦，对成熟的、完善的课题重复调研，而对全新的、有挑战性的课题则少有问津。

某传统农业大县在几十年里积累了丰富的农业调研课题和资

料，选择这个县做农业调研课题事半功倍。数据也证明，2018年各级调研团队在这个县的金农谷园区调研39次，占到总调研数的42%，而邻近的钨钢工业园区全年调研接待次数为0。

基层同志希望在上级领导面前出彩、展现政绩，所以介绍情况、安排线路不是按调研内容而定，而是想方设法让上级走经典路线，尽量安排到有特色、有亮点的地方调研，包括每个环节的时间、内容等都要严丝合缝地准备，甚至围观人员等都要事先布置。

一位基层干部说，部分上级领导不去落后村调研的原因还在于，落后村往往也是矛盾集中村，去那里调研不仅极有可能工作完成不了，还会被上访群众围堵难脱身。

一名经常负责拟定调研方案的基层干部吐槽，厚此薄彼的调研，屏蔽了情况复杂、问题多、矛盾突出的地方，也丢掉了调查研究的初衷和功效。

害怕礼数不周，"陪调"成了大负担

基层的一位区长统计发现，2018年该区政府班子成员共陪同上级检查和调研234次，其中区长自己参与过46次；2019年上半年区政府班子成员陪同109次，其中区长参与20次。

"有的领导几年才来一次，如果不见一面，怕产生误会。"这位区长坦言，现在市级干部到县区调研时的陪同规则已相对明确，一般由县级分管副职和职能部局的一把手负责对接。但对于省级部门到县区督查和调研如何陪同，仍由县区自己掌握。

当然，一些关于安全生产、生态环境、社会治安综合治理等"一票否决"方面的调研，党政一把手更不敢怠慢，全程悉心陪同。

"部分调研人员也常以'陪同领导的级别'来定性县区对该工作的重视程度，以及对调研领导的尊敬程度。"一位基层干部说，"如果礼数不周，一旦产生误会，极可能对地方发展大局产生一系列不良影响。"

为避免不必要的失误，各县区之间存在"攀比陪同"的潜规则，当地的党政一把手尽量要陪，否则就是块"心病"，日后县里申请项目或遇到督查检查都不好说话。

村级一把手也难逃"迎调"负担。一名村主任说，因为村里的田园综合体项目落地，来调研的各级领导越来越多，为迎接调研和考察，村里一年仅打扫卫生的"请工费"就要花2万多元。张挂欢迎横幅、铺设红地毯的现象虽然少了，但大型展板、精美图册、彩色宣传页的制作并未减少。从2018年9月以来，在这一块已花了1万多元。"迎调"支出成了村里最大的公共经费开支。

"有些上级部门调研后，甚至调研报告都要求基层单位提供。"中部某县政府办主任说，市里某局的3位同志到该县企业调研，县里为此专门召开了座谈会、进行了现场观摩、实地走访入户、逐一谈话……

调研结束时，县里陪同人员松了一口气，以为终于圆满完成了任务，但没想到，上级领导临走时对县里说，"你们把今天的调研情况先整理个材料，然后报上来"，说完扭身钻进商务车一溜烟走了。县政府办主任、县局的局长一下子犯了愁，两人都没做笔记。幸亏，陪同调研的一个年轻人零星记了一些。小伙子花了两天时间，绞尽脑汁整出一份调研报告，赶紧上报了事。基层干部说，这种调研来一次，就臭了"调研"二字的名声。

点评

　　"调研来了一拨又一拨，但往往是兴师动众来，稀里糊涂走。"一位乡镇书记说，很多调研有过程、无结果，有的问题多次向各级调研组反映，都得不到解决。有的上级部门来调研，乡级层面提出需要上级支持或协调解决的问题，上级领导回去之后，又把问题推到乡里解决，"断头式"调研最让基层反感。

　　"能解决实际问题的调研，来100次我们也欢迎。"一位驻村第一书记说，脚下有多少泥土，心中就有多少真情，深入调研就是要弄清问题性质、找准症结所在，实现调研成果转化、推动解决实际问题。

　　人们常说，不做调查就没有发言权。目前值得警惕的是，诸如为调而调、研而不调、只调不研、研而不实等形形色色的假调研、调假研，同样没有发言权，更没有决策权。心中有民、心中有责，扑下身子、求真务实，才能做好调查研究，真正推动事业发展。

　　针对基层调研领域的怪象，基层干部群众提出了一些改进建议。

　　一是统筹调研活动，更多安排到偏远、落后和问题困难突出的地方，调研成果及时反馈当地政府，加强转化，解决问题务求实效。

二是改进调研方式，建议上级更多采用不打招呼、直奔基层的方式开展调研，不要总想着要地方陪同。

三是明确规定各级党政正职不陪同的清单或情形，更好地为基层干部松绑减负，激励广大干部担当作为。

四是在提升各级干部调研能力的同时，建立基层对调研工作的匿名评价反馈制度，供上级掌握每次调研的实际情况，并作为调研干部作风和能力的一项考察内容。

"下去调研要轻车简从，不搞层层陪同，不得要求主要负责同志出面接待。"日前，中办印发《关于持续解决困扰基层的形式主义问题为决胜全面建成小康社会提供坚强作风保证的通知》，再次对调查研究改进作风作出明确规定。

为地方主要负责同志减负，是为基层减负的具体要求。要根本解决此类问题，还需要在落实上下更大功夫，常抓不懈。

一方面，下去调研的领导干部应当摆正心态，面对基层干部不应该讲究接待规格，而应该发扬求真务实的作风，在求深、求实、求细、求准、求效上下功夫，决不能因为主要负责同志出面接待、热情周到就放宽评判标准，更不能因为人家没出面就"上眼药""穿小鞋"。

另一方面，相关的制度硬约束也不可或缺。对于"不得要求主要负责同志出面接待"要进行细化，必要时可出台相应规定，让上级和下级都做到有章可循，严格依规行事。这样大家心里都踏实，工作起来更务实。

26

数字脱贫

"拖累"

新华社发　翟桂溪　作

2020 年是决战脱贫攻坚、决胜全面小康之年。随着越来越多贫困人口脱贫、贫困县摘帽，一些地方出现了工作重点转移、投入力度下降、干部精力分散的现象。形式主义、官僚主义屡禁不止，数字脱贫、虚假脱贫仍有发生，个别地区"一发了之""一股了之""一分了之"问题仍未得到有效解决，部分贫困群众发展的内生动力不足。

一头猪有 4 种算法，脱不脱贫让它给难住了

按照南方某省扶贫办的相关文件，2018 年贫困户家庭人均纯收入 =（家庭总收入−家庭总支出）/ 贫困户家庭建档立卡人口数；家庭总收入 = 家庭经营收入 + 工资性收入 + 财产性收入 + 转移性收入；家庭总支出 = 家庭经营费用支出 + 生产税费支出 + 生产性固定资产折旧。

这种计算方式在各地大同小异。"看上去操作性很强，但运用时就遇到意想不到的难题。"一名县扶贫办主任说。

为了确保精准脱贫，帮扶干部会跟贫困群众算收入账，把贫困户家庭所有收入及支出摆出来，看最后的年人均纯收入是否达到了当地省定标准。

部分农村居民家中养猪。算账过程中，有贫困户提出"家里养的那头猪是准备过年宰了做腊肉的，供自己消费，不会对外出售，是否不该计入家庭经营收入？"这是扶贫标准没有明确的事情。

就这样一个问题，基层出现了四种算法。第一种：计入经营性

收入；第二种：不计入经营性收入；第三种：1 头猪不计入，养 2 头及以上均计入经营性收入；第四种：按照猪的市场售价除掉养殖成本后剩余的部分计入经营性收入。

极端者，甚至在同一个县范围内，同时存在好几种不同的算法，不同的扶贫干部采取不同的算法。这种问题在遇到自养的鸡、鸭、牛、羊等时，都会带来一样的困惑。

这些问题看上去是在钻牛角尖，但现实中确实困扰基层扶贫干部。

有扶贫干部举例说明，某贫困户家 4 口人，养了 2 头猪（约300 斤 / 头）供自己消费，考虑当年生猪价格的特殊情况，按照往年正常行情 10 元 / 斤计算，2 头猪的价值大约在 6000 元，平均到每个人头上就是 1500 元的收入。再加上这个家庭的其他收入，如果把猪的收入计入经营性收入，这户就能达到脱贫的收入标准，可以脱贫；如果不计入，这户就不能脱贫。

多重因素致贫困户收入难统计

作为脱贫重要指标之一的贫困户收入达标，是不少扶贫干部面对的一道难题。按照要求，贫困户的收入要有明确的数据结果，但实际上，部分贫困户的收入很难实现精准数据化，这让扶贫干部陷入数据统计困境。

一些地方在计算贫困户收入时，对自然经济状态的农产品收入统计感到模棱两可。在西南某省，一些地方将贫困户生产的土豆与玉米折价作为家庭经营性收入，但这些农产品并没有流入市场，而且市场价格并不一定就是扶贫干部折算的价格，有的甚至产量也靠估计。

　　一贫困户说，他家种的土豆，除一家人食用外，剩余的都拿来喂养牲口了，并没有拿出去销售。但扶贫干部将他家的土豆折算为家庭生产性收入。当地扶贫干部说，虽然无明文规定贫困户自己种植的农作物可以折算为生产性收入，但这是普遍的做法。而且在实际统计时，每户产量与贫困户精耕细作的程度有关，也只能采取折算的方式。

　　部分产业扶贫项目也存在收入统计困境。广东某扶贫干部反映，当地推行养猪、养鸡等种养产业项目，部分贫困户将发放的猪、鸡转卖或者自宰自吃，统计时这些被贫困户自己吃掉的鸡、猪就很难准确确定收入。上级部门的说法也不明确，有时这些被吃掉的部分可以折算为收入，有时又不行，扶贫干部左右为难。

　　市场风险是产业扶贫中收入统计的另一难点。部分地方在扶贫项目启动时，对产品收益做理想化预期估算，但实际推进时，一些产业扶贫项目面临市场、天气等不可控因素，并未收获预期效益。华南山区一名扶贫干部举例说，当地贡柑种植产业发展项目，去年9月和10月在贫困户家里统计的情况，与预估的完全不一样。

　　部分贫困户仍存等靠要思想，也给扶贫干部统计收入工作增加难度。粤北山区某扶贫干部直言，在计算就业务工收入时，一些贫困户对务工收入虚报少报，认为没攒到钱就是没赚到钱，担心实报务工收入后会导致帮扶力度减少，并由此存在偏执认知。

　　一名去年开始驻村的扶贫干部说，他遇到过一贫困户，家里有

30 多亩的鱼塘，此前扶贫干部一直不知道。直到去年进行产业奖补摸底统计时，这位贫困户才主动说出自家有鱼塘。

考核设计僵硬导致"斤斤计较"

跟贫困户算账的是基层干部，来检查的是国务院扶贫办或省扶贫办委派的第三方脱贫验收评估团队，由于时间和空间的关系，上级验收评估团队和基层干部之间基本无法提前有效沟通，很可能导致基层干部的实际工作标准和评估团队的验收标准出现偏差。

基层干部在给贫困户算收入账时，如果把相关收入计入了经营性收入，进而让这户脱贫，而脱贫验收评估团队认为这项收入不得计入经营性收入，认为这户收入不达标，那么会认为该户为错退。贫困县能否脱贫的一项重要指标是"错退率"，错退率如果超过相关标准，则不能脱贫，并由所在省省级扶贫领导小组组织整改。

凡地方主官，谁也不会拿这种事情开玩笑，必须减少此类"错退"。多名县扶贫办主任坦言，大家基本上都会留出"提前量"，如果省定脱贫标准为年人均纯收入 3500 元，那么扶贫干部给贫困户计算收入账时，必须确定贫困户年人均纯收入达到 4200 元，否则不予办理脱贫。

华南地区一名扶贫干部去年 4 月份被单位派往贫困村担任驻村第一书记。他结合自己的扶贫经历说，8 个多月时间里，全村贫困户的收入统计了四五次，但是每次结果都不一样。很多时候，各级考核计算的标准也不一样，有时候连扶贫干部都不明白。

"到贫困户家中去多了，贫困户的心态会发生变化，答话也会变得随意。"上述扶贫干部说，站在贫困户角度换位感受不难理解。扶贫干部不断在贫困户家里问收入，每次入户基本都是核材料、填表，算一些贫困户自己都算不清楚的账，贫困户肯定容易变得烦躁。

不少扶贫干部说，每年的脱贫标准也不一样，一些地方不断加码。有些地方达标标准增长比例已经超过了 20%。"但是农村收入增长点在哪里？农产品销售和务工工资的增长率也没那么快。"一名扶贫干部坦言，这导致在计算贫困户收入时，不得不把各项收入都纳入计算范畴，而且就高不就低。

点评

扶贫验收工作是脱贫攻坚战的关键一环。脱贫攻坚决战决胜之年，只有不拘泥于纸面上的收入统计数据，扎扎实实做好产业、做大蛋糕，才能确保脱贫质量，让贫困户有更多获得感。过分追求收入数据的填报，并与贫困户"斤斤计较"，也与一些地方产业扶贫力度弱有关。

一些基层干部说，在统计贫困户收入类别和计算方式上，应该有进一步明确规定。针对一些模棱两可的统计方式，特别是自然经济状态的农产品，上级单位应该给出明确意见和更具操作性的方法和要求。同时，进一步统筹明确各个层级的考核标准，特别要避免各个层级的标准混乱。考核指标设计也应因地制宜接地气，尽可能地多听取扶贫干部的意见建议。

对于扶贫工作而言，相关的考核千万不能陷入机械主义、教条主义的误区。不能把重点放在对于数字的过分关注，让"数字至上"成为评判扶贫成绩的唯一标尺。扶贫工作的重心，还是要放在系统解决好群众的不愁吃、不愁穿，以及义务教育、基本医疗、住房安全有保障等方面，不能让仅看数字叠加的"达标"思维占绝对主导。

27

幸福感缺失

实干导向

新华社发　徐骏 作

　　"周六加班是定式，随叫随到是规矩，24 小时开机是必须""乡
镇干部哪来的周末"……"五加二""白加黑"已成许多基层干部
工作的常态。许多基层干部坦言，生活感觉不到幸福。

工作 20 年，没见过加班费

　　刚刚过去的中秋节和国庆节，一部分基层公务员又是在繁忙的
加班中度过，但加班费依旧是想都不敢想。

　　小明（化名）2018 年 7 月成为云南省某国家级贫困县的一名
基层公务员。他说："选择成为一名公务员，其中一个原因就是以
为公务员的工作'朝九晚五'，比较规律。"

　　真正成为公务员后，小明才知道，不但每天按时下班的时候很
少，周末也有大半的时间要用来工作。"作为一名乡镇公务员，经
常要到村委会去协助工作。国庆假期 7 天，我都是在村子里走访村
民和贫困户。在脱贫攻坚的关键时期，工作任务重，基层公务员都
担心不能如期实现脱贫摘帽，所以只能加班加点地干。"据小明了
解，他所在的县，公务员基本上都在加班。

　　李婷（化名）是内蒙古某国贫县的一名基层公务员，从 2015
年到 2017 年的两年里，她一直在城关镇党委办公室工作。她说，
这几年农村牧区深入实施脱贫攻坚，自己可没少加班，至少 1/3 的
周末都泡在办公室里，经常写扶贫档案到凌晨两三点，单位从来没
给发过一分钱加班费。

　　"大城市、大单位的公务员和事业单位人员都有加班费，我们

这些贫困、落后地区的基层公务员加的班也不少，咋就例外哩？"李婷很是不解，"我一个小小公务员，咋好意思开口跟领导要加班费。再说，同事们都闷不做声的，我也不敢搞特殊。"

2018年，李婷调到县委宣传部工作，也是几乎每天都要加班。"本来以为到了县里会有加班费，可到头来还是一分钱也没有。"

2018年8月和9月，内蒙古某国贫旗的一位镇长李志（化名）在内蒙古和北京两地来来回回地奔波，忙于帮扶项目在内蒙古的落地事宜，出差长达20多天，好几个周末不得休息。"哪有加班费？别说这几个周六日了，我工作近20年了，从来没有发过加班费。"

"每周能给个单休，我也觉得幸福！""不奢求能休成年休假，但求发放年休假工资报酬"……对于各地相继出台实施的政策，基层公务员满怀期待的同时，也有一份担忧："休不休职工说了不算""底下人休，领导不批"。所以，领导干部带头休假的同时，也要做好普通公务员的休假工作，让他们在繁忙的工作之余共享"休假的幸福"。

住村考勤过于机械化，也会让驻村干部束手束脚

西部某山区县驻村干部，所在的山村距离县城有70多公里，山路蜿蜒，驱车往返就要耗时近4个小时，每天晚上的查岗考勤让他在县城为村民办事时显得束手束脚。

"给村里办人畜饮水工程的事花了好几天，每天早上在村里签到后才能出发，到县城找到水利部门协调办理，一天都没闲着。可

到晚上不管多晚都得赶回村里，黑漆漆的山路一个人开 2 个小时的车，经常是疲劳驾驶。"这位村干部说，有好多次太累了，为安全考虑就坐班车到镇上，然后再借着月光步行 11 公里回到村里。

而连夜赶回村里也只剩倒头睡觉休息，并不能为村民做一些实质性的事，此时，这种"夜住"在他看来就显得有些过于形式化。该驻村干部无奈地说："有一次白天在县里跑项目太晚了，想着第二天还得继续办，不要把时间精力浪费在路上，就没回去。晚上查岗时不在，可项目此时又还未跑成出结果，没有'痕迹'无法自证，当时就说不清了，只能算缺勤不在岗了！"

该干部认为，太死板的住村考勤指标要求，常常把驻村干部绑在做材料、迎检查等事情上，最后反而打击了他们主动为村里跑项目的积极性。

由于村里人的习惯和环境，驻村干部住在村里时，类似于晚上走访等工作的频次并没有想象的那样频繁，往往是单纯的"住村"。"村民累了一天，晚上吃点饭就想早点休息了，住在村里又能做啥？"一位驻村干部说。

一位驻村扶贫队员表示，当地要求驻村两年时间，自己用大半年时间摸清了村里的基本情况后，感觉自己在产业方面经验不够，需要去外面学习取经。但又受限于近乎苛刻的住村考核时间要求，基本没有机会。

点评

面对基层紧绷运转、僵化管控、过关心态等带来的"疲态治理"怪圈，应充分调动基层干部的积极性，激发干事创业的动力。一方面，要发挥好制度激励和约束的效力，树立鲜明的选人用人导向，该奖的重奖，该提拔的提拔，让容错纠错机制真正落地生根；另一方面，在源头上，基层工作的责任分工、干部配置要更加科学合理，落实好定岗定责制度，权责划分清晰明确。此外，还要帮助基层干部解决工作、家庭生活困难，解除后顾之忧，给予更多关怀。

不少基层干部反映，越到基层越感觉等级森严，"官大一级压死人"现象突出。某些市县党政"一把手"颐指气使，把各类会议开成"一言堂"，甚至把下级普通干部当成呼来唤去的"奴仆"。

基层干部建议，乡镇应建立领导谈心制度，乡镇领导多与普通干部交流、谈心。安徽界首市委市政府主要领导干部设定每周固定时间敞开门，与乡镇干部面对面交流，让基层干部说出自己的困惑、压力、希望。该市还发文要求落实带薪休假应休尽休、加班补贴等政策，保障基层干部正当权益。

28

关爱基层干部

"连轴转"

新华社发　曹一　作

改革开放 40 多年的历史充分证明，乡镇有活力，改革就可日就月将；乡镇有动力，改革就可稳健行进；乡镇有创造力，改革就能打开一方新局面。乡镇之力如何能可持续释放？离不开乡镇干部的谋划与决断，担当与奉献。是的，一切成绩都是干出来的，我们理应给干事担当者更好支持、更多空间、更大舞台。

让乡镇干部强起来

我们欣喜地看到，近几年中央一系列重磅文件出台，为乡镇干部送来了好消息。

从《中共中央关于深化党和国家机构改革的决定》明确要"使基层有人有权有物"，保证"基层权力给基层"，到《关于进一步激励广大干部新时代新担当新作为的意见》（以下简称《意见》）释放出促进干部积极作为、奋进奋发的强烈信号；从《乡村振兴战略规划（2018—2022 年）》（以下简称《规划》）强调"把夯实基层基础作为固本之策""推动乡村组织振兴"，到《关于统筹规范督查检查考核工作的通知》剑指基层受困于形式主义、官僚主义，任务应接不暇，压力不堪重负的痼疾……可以说，解放乡镇干部，让乡镇干部强起来，已是大纛猎猎，鼙鼓齐鸣。

减法有无"最优解"，干部如何真减负？

"摊派任务不切实，签'责任状'到手软。政出百门千条线，迎来送往折腾烦。身兼多职无主次，资料表格堆成山。上级借调何频繁，队伍老化难运转……"这首打油诗，相当真切地勾勒出期待中央减负新政早日落实的乡镇干部的心境。那么，减负"最优解"何在？

——先要查明冗务负担到底在哪里。

武汉大学中国乡村治理研究中心研究人员王向阳认为，可以考虑运用"两分法"来区分哪些治理任务必须由乡镇干部完成，哪些只需乡镇干部协助，哪些事务根本不能向乡镇政府一级下压。只有区分任务类型，才能尽量减少乡镇干部的"空耗"。

"宁愿拿着镐头在前面开路架桥，也不愿意闭门造车应付填表。"在四川昭觉县竹核乡党委书记马剑锋看来，脱贫攻坚是中西部地区乡镇的一项中心工作，但多层级多部门的重复审计考核很没必要，他建议应归口扶贫工作考核验收的部门，减少来自不同业务部门的单项考核干扰。此外，还应简化考察调研程序，尽可能减少工作汇报会、座谈会，尽量采取现场走访、口头汇报等简便形式。

——容错免责机制探索应鼓励多元化。

河南省委党校教授薛瑞汉建议，容错纠错机制要和救济机制结合起来，科学判定个人责任，让"犯错者"有辩解的机会，允许责任人和当事人申辩申诉，保证他们的合法权利。

2016年，浙江省委办公厅、省政府办公厅印发《关于完善改革创新容错免责机制的若干意见》，为改革担当者撑腰鼓劲。浙江诸暨市一基层领导干部曾一年被通报批评7次，但诸暨市纪委、市委组织部没有简单套用该市的问责条款，而是在多方调查基础上，认为这位干部任职以来一直迎难而上开展工作，施政获得民众积极评价。为此，按规定启动容错免责程序，给予其年度考核称职等次。

加法求解第一招：激励凝聚干劲

解放乡镇干部，一大关键在于让干部们物质上不为难，精神上有尊严。在中央新政向基层传导的过程中，重实干重实绩的用人导向如何落实，增强干部的荣誉感、归属感、获得感的加法题又该怎么做？

——真正为乡镇干部向上发展提供制度保障。

"目前乡镇干部干好干坏一个样，提拔的机会还有待真正丰富起来。"中部某省一镇长认为，乡镇干部做的工作多，但是离领导远，成绩不容易被看到，难免影响其主观积极性。

广西一些乡镇干部说，尽管如今也有相关规定，工作满相应年限的乡镇干部可享受高一级待遇，但这一激励机制仍然不够，如何进一步落实中央精神，让更多长期扎根在基层的乡镇干部感受到"有为就会有位"，还需进一步完善配套措施。

江西财经大学财税与公共管理学院副教授欧阳静认为，相对而言，工作能力、工作成效和来自群众的考评结果在乡镇干部晋升的影响力上分量仍偏低，"干得好不如写得好""会做事不如会做人"等现象不同程度存在。她建议连续 3 年考评位列前三名的乡镇，其乡镇领导和干部，就应列为重用或提拔的首选对象。

西南政法大学教授程德安认为，当前基层干部任用仍有一定随意性，裙带关系仍旧存在，往往领导身边的人提拔得更快。他建议组织部门在考察提拔干部时，对乡镇干部尤其是年轻干部适度倾斜；针对长期在乡镇任职、与家人长期无法团聚的干部，要制定更为人性化的安置措施。

目前乡镇事业编干部构成复杂，对其出路问题的解决不能只用"一把尺子"，要按照循序渐进、统筹安排、分类解决的思路来进行。对优秀的乡镇中层干部，要给予发展空间，畅通晋升渠道；对年轻的事业编干部，要为其打开考入公务员的通道；对有能力获得职称评定的，要予以协助。

——为不同身份之间干部的合理流动创建平台。

"树挪死，人挪活。"当前干部队伍身份多样，分行政编制、参公编制和事业编制等，行政编制人员可以转为参公和事业编制，逆向流动则十分困难。"按照相关规定，从参公岗位调到公务员领导岗位需在45岁以下，要有一定的职务或者职级，还要遇到领导职数空编，满足这些条件的概率是比较小的。"一位在县委组织部分管干部工作的副部长说。

山东省委政策研究室巡视员郝宪印认为，针对事业编干部占主体且构成复杂的实际，建议分类解决，逐步打破事业和行政编制之间的壁垒，破解事业身份人员"一入职就看到天花板"的瓶颈。要加大落实职务与职级并行力度，允许各地根据乡镇人员构成实际，合理调配行政、事业领导岗位职数。

此外，针对乡镇干部中存在的"同工不同酬"现象，应当从制度上开辟特定的通道，为表现优秀者破除身份障碍，从而激发事业编制人员的工作积极性。

——完善兼顾福利与荣誉的多元奖励机制。

欧阳静认为，一些福利和奖励政策的缺失，进一步降低了乡镇干部的收入，职业的满足感和深刻认同更无从谈起。所以，不仅要进一步提高乡镇补贴，而且要引入差异化奖励机制，打破目前"干与不干一个样"的均等化奖励结构。

此外，设置荣誉奖励措施，对扎根乡镇的干部进行嘉奖。一些乡镇干部表示，他们扎根基层，也希望得到认可。如果职位、职级、职称认可暂难以周全满足，若能从荣誉上对其进行嘉奖，也不失为一种激励和宽慰。

加法求解第二招：赋能提升本领

哪些能力是乡镇干部破解"本领恐慌"最为需要的呢？

——借助信息化、网络化技术手段提升基层治理能力。

利用现代化信息技术手段下放"办事权"，可以大幅提升基层的治理能力。河南省邓州市委组织部副部长张有印介绍，这两年，邓州市搭建了一个覆盖各个行政职能部门信息资源的农村大数据网络，实现市、乡、村三级联网，形成了基层政府服务群众的新平台。

2017年7月，邓州市将升学报名系统接入大数据平台后，全市乡村所有中小学入学报名、招生也在平台上阳光化运行，解决了乡村群众入学难以至于需要"走后门"的问题。

——引入社会力量实现多元共治。

乡镇治理不能仅仅靠党委政府部门唱独角戏，面对广大乡村点多面广的各类矛盾，引入各类社会力量共治共享的尝试，还应迈开更大步伐。

2016 年 8 月，四川成都市大邑县在沙渠镇、安仁镇等 4 个乡镇开启"无讼社区"创建工作试点。沙渠镇整合了 6 个村、社区以及企业家协会和律师事务所的资源，成立了人民调解联合会。"过去党委政府既是运动员也是裁判员，现在需要探索转变角色，依靠第三方做好社会治理。"沙渠镇党委书记方文祥说。

为了解决学生下课后的管护问题，该镇公益事业促进会利用企业捐赠向学校购买服务，让全镇近 3000 名学生受益；红白喜事理事会则通过设置宴席中心解决了村民没有场地办酒席的问题，同时通过价格杠杆，让过去村里动辄 7 天的红白喜事，缩短到 3 天，平均为村民节省 1 万多元开销。

> ## 点评
>
> 让乡镇干部强起来，是一个需要两面施策的系统工程。应当在基层既做好"减法"，又做好"加法"。
>
> 一方面，做好"减法"是前提，需以切实减压给乡镇干部卸去包袱和重荷。另一方面，更重要的是如何做好"加法"——以激励凝聚乡镇干部的干劲，给他们以保障和希望；以赋能提升乡镇干部的本领，提升他们的能力和境界；以赋权打开乡镇干部干事的天地，为他们能干事、干成事创造更为合理的主客观条件。唯有减法优化，加法多元，才能还乡镇干部笃定的脚步、开阔的视野、昂扬的奋斗精神，让千万个实干家活跃在乡间田野，干出新时代乡村振兴的一番大

作为。

对基层干部而言，减负不减责意味着必须坚持事业为重、为民至上，激发建功立业的热情、报效党和人民的干劲。长期以来，广大基层干部奋斗在第一线，风里来、雨里去，晴天一身汗、雨天一身泥，立下了汗马功劳。给基层干部更多的信任、关爱，为能担当、善作为、敢改革者保驾护航，允许试错、宽容失败、鼓励重来，才能增强基层干部扎根基层、安心干事的动力。设立"基层减负年"，把为基层干部减轻负担作为反对形式主义的突出问题来抓，实现了"政治上关注、思想上关怀、工作上关爱、生活上关心"的具体化、可操作化。

有基层干部说：这激励那激励，用好干部最给力。用准一个人，激活一大片；用错一个人，则挫伤一大批。把握好这一用人的"蝴蝶效应"，需要瞄准好干部"五条标准"，以忠诚论党性、以实干论英雄、以实绩论奖赏，树立想作为、敢作为、善作为的鲜明导向。需要倡导实践历练，鼓励干部到吃劲的岗位练能力、挑繁重的担子练肩膀、去艰险的环境练胆识，烧旺淬炼人才的熔炉。需要选贤任能，重用"脚上沾泥"的、"真材实料"的、"久经沙场"的，真正让吃苦的吃香、优秀的优先、有为的有位、能干的能上。

29

基层减负年

感觉手机变轻了，有了更多的时间走进村子和群众面对面交流

基层干部

清理整合

各类政务App

微信工作群

笔尖上的"形式主义"

减负

新华社发　朱慧卿　作

　　为减轻基层干部负担，党中央明确2019年为"基层减负年"。这一做法充分体现了习近平总书记心系基层、关爱干部的深厚情怀，鲜明梳理了为基层松绑减负、激励干部担当作为的实干导向，在广大基层干部中引起强烈反响。之后，北京、河北、山东、江苏、海南等地纷纷出台措施，狠刹会风、精简文件、减少督查，一定程度上减轻了形式主义给基层带来的各种负担。

持之以恒抓减负

　　2019年是决胜全面建成小康社会第一个百年奋斗目标的关键之年，也是党中央确定的"基层减负年"。

　　一年来，以习近平同志为核心的党中央以打一场整治形式主义、官僚主义攻坚战的坚定决心，坚定不移推进全面从严治党、持之以恒狠抓作风建设，深入推进部署"基层减负年"工作，为基层松绑减负、促干部担当作为，凝聚起全党上下砥砺奋进的强大力量。

　　上面千条线，下面一根针。党和国家各项决策部署，最终都要依靠基层党员干部穿针引线、落到实处。长期以来，广大基层干部奋斗在第一线，晴天一身汗、雨天一身泥，为党和国家各项事业发展作出重要贡献。

　　习近平总书记始终心系基层、关爱干部。在2019年新年贺词中，总书记深情地表示："要倾听基层干部心声，让敢担当有作为的干部有干劲、有奔头。"

对基层面临的形式主义困扰，习近平总书记也明察秋毫、见微知著，一针见血地指出："很多形式主义问题，占用基层干部大量时间、耗费大量精力，这种状况必须改变！"

什么是形式主义？对此，习近平总书记曾有入木三分的深刻分析："形式主义实质是主观主义、功利主义，根源是政绩观错位、责任心缺失，用轰轰烈烈的形式代替了扎扎实实的落实，用光鲜亮丽的外表掩盖了矛盾和问题。"

有哗众取宠之心，无实事求是之意。形式主义把内容和形式的关系本末倒置，成为影响工作开展的顽疾。

进入新时代，面对新形势新任务新要求，以习近平同志为核心的党中央敏锐察觉到，形式主义、官僚主义不仅是作风问题，而且是政治问题，严重影响党中央决策部署的贯彻落实，损害党中央权威、破坏党的形象，长此以往还会动摇党的执政根基。

真抓实干见真章

"现在领导在部署开展工作的时候都会掂量一下，是不是有形式主义、官僚主义的问题，会不会给基层增加负担，脑子里时刻绷紧了为基层减负这根弦。"一位基层干部深有感触地说。

各级领导机关和领导干部还结合开展"不忘初心、牢记使命"主题教育，带头排查形式主义问题。许多地方党政主要负责同志坚持以问题为导向，深入基层一线，不打招呼、不层层陪同，随机访、暗访已成为常态化的调研方式。

硬杠杠硬举措得到落实，基层更有获得感。

"今年我参加的会议数量至少减少了一半。开会全是干货，上面任务布置明确，下面听得真切。"辽宁省凤城市蓝旗镇党委书记刘晓达讲出了自己最直观的感受。

"会议少了，讲实事了；套话少了，效率高了。"对于和刘晓达一样的基层干部来说，这是一年来日常工作发生的最大变化。

一组组数据，正是变化的真实写照：2019年党中央、国务院发文数量都比上年减少30%以上，文风会风进一步改善。省区市文件和会议平均压缩39%、37%，中央和国家机关分别压缩39%、33%。中央和国家机关督查检查考核事项从近900项大幅压缩至96项，实际开展88项。

同时，中央组织部牵头梳理并清理中央和国家机关、各省区市"一票否决"和签订责任状事项，人力资源社会保障部牵头对涉及城市评选评比表彰的各类创建活动进行集中清理，拟取消幅度都在50%以上。

"之前每天至少要做一篇微信公号文章，差不多要花上一个半小时，忙的时候半天时间要花在微信上。"浙江长兴县林城镇宣传干事朱鑫辰的遭遇，是不少基层干部共同的烦恼。本应给工作带来便利的微信、政务App等现代手段，反而压得干部们"喘不上气"。

自2019年以来，全国各地开始清理整合各类政务App、微信工作群，反对"指尖上的形式主义"。广大基层干部从手机上"松了绑"，"感觉手机拿着都变轻了"，有了更多的时间走进村子、社区，和群众面对面交流。

精文减会动了真格，基层干部有了实实在在的获得感。来自全国基层观测点的蹲点调研数据显示，2019 年当地收到的上级文件和本级发文平均减少 31%，本级召开的会议数量平均减少 35%，接受的督查检查考核下降 52%，基层干部们"被挤占的时间又回来了"。

需要对照中央文件"补短板"

基层干部群众建议，破除形式主义应该按照中共中央办公厅《关于解决形式主义突出问题为基层减负的通知》文件要求，从思想观念、工作作风和领导方法上找根源、抓整改，严格落实有关规定，着力解决群众反映突出的形式主义问题。

领导机关、领导干部要从思想上紧绷杜绝形式主义之弦。河北省社科院党风廉政建设研究中心首席专家王彦坤说，形式主义之所以畅行，是因为它很多时候不算明显的违纪违法行为，具有隐蔽性。比如，不少领导干部下乡调研要提前打招呼，到了基层前呼后拥，这本身就是形式主义。"你提前打了招呼，陪你调研的人都是圈定的，和你座谈的群众都是彩排过的，发言材料也都是'审'过的，你能听到实情吗？"

坚持群众路线，杜绝拍脑门决策，严防制定的方案措施脱离实际。某地在制定防火办法时，简单地规定"发现一把火撤副乡镇长、两把火撤乡镇长、三把火撤乡镇党委书记"。一名乡长开玩笑说，一旦发现烧了两把火要撤我，我干脆再自己点一把火，让他们撤书记去。不少基层干部还表示，有的全省、全市的政策起草之前没有经过深入调研讨论，而是某处室一个科员甚至是到处室交流锻炼的同志直接"闭门造车"，经过层层圈阅、上报，最后成为文件规定让基层去落实。

重构务实高效、科学合理的工作成效考核评价机制。不少受访干部表示，考核是指挥棒，如果上级以材料论英雄，基层势必会处处留痕甚至"造痕"，不重实绩；如果上级以会开了多少、会议级别的高低来评测基层落实工作的重视程度，基层就不得不天天开大会。只有建立一套重实绩的考核评价机制，基层干部才会勇于担当作为。

点评

基层减负年工作取得了阶段性成效，但离基层干部的期盼，还有不少的距离。形式主义、官僚主义是一个顽疾，必须久久为功，持续发力才能解决好。一是思想认识需要进一步深化。少数干部没有牢固树立正确政绩观，唯上不唯实，随意发号施令，喊口号式的形式主义依然存在。二是要进一步巩固减负成效。目前，一些形式主义现象改头换面，减数不减量、明减暗不减。文件、会议、督检考的数量虽然减下来了，但质量不够高的问题还比较突出，同时也存在反弹回潮的可能性。三是要激发干部担当作为。有的干部以减负为由减责任减担当；有的干部怕出错、怕问责，为了不出事宁愿不做事。这种现象还有一定的代表性。同时要加大体制机制的改革力度。

持续为基层减负，要向改革要动力，以深化治理改革为基层放权赋能。基层承载着落实各项决策部署的职责，基层干部直接服务于群众，应推动更多社会资源、管理权限和民生服务下沉到基层，人力物力财力投放到基层。近年来，不少地方围绕上级机关"瘦身"、基层一线"强身"，在精简机关、充实基层上下功夫，有力推动了基层减负。事实证明，机关精简了，职能归并了，会议文件和督查检查考核减少了，基层工作力量加强了，压在基层干部肩上的担子才会减轻。

持续为基层减负，要注重疏堵结合，不断创新工作方式方法。创建脱贫大数据管理平台，通过平台收集扶贫报表；建立"新冠肺炎监测溯源系统"，依托大数据平台对接整合医院、公安、通信、交通等部门数据；探索运用"互联网＋督查"，让数据多"跑腿"，让干部群众少"跑路"……各地探索出的新模式、新办法，较好实现了信息互联互通，有效减轻了基层负担。善用大数据、云计算等平台，实现数据归集和信息共享，让基层干部不再为文山会海、材料表格而苦恼，就能让他们腾出更多时间和精力抓落实，更好为群众办实事。

为基层减负，从根本上说，仍须健全完善制度，不断增强制度刚性。为给基层松绑减负，各地已制定不少制度规定。下一步，关键是要一切从实际出发，与时俱进织细织密制度之网，使相关制度更具系统性、科学性、操作性。与此同时，严格责任考核，强化正向激励，坚持把制度执行力作为衡量领导干部党性原则和能力水平的重要尺度。对执行制度走形变味、减负出现反弹的，严肃责任追究。

30

持续整治在路上

"拖后腿"

新华社发　徐骏 作

　　以习近平同志为核心的党中央确定 2019 年为"基层减负年"，着力解决困扰基层的形式主义问题，让基层干部轻装上阵，取得明显成效。然而，形式主义官僚主义之弊非一日之寒，从根子上减轻基层负担也非一日之功，要把加强党的作风建设放在突出位置来抓，驰而不息、落实落细，整治形式主义永远在路上。

持续解决形式主义有重要意义

　　第一，是统筹推进疫情防控和经济社会发展工作的现实需要。在这场重大斗争中，各级党组织和广大党员、干部增强"四个意识"、坚定"四个自信"、做到"两个维护"，自觉践行初心使命，勇于担当、攻坚克难、无私奉献，充分展现出新时代共产党人的政治本色，让党旗在疫情防控和复工复产第一线高高飘扬。同时，工作中也暴露出一些不敢担当、不愿负责，敷衍应付、作风飘浮，多头重复向基层派任务要表格，执行政策层层加码、"一刀切"等问题，消耗了基层干部大量精力。目前，疫情防控和经济社会秩序恢复持续向好，扎实做好外防输入、内防反弹工作，破解复工复产难点、堵点，这些都需要我们切实解决工作中的形式主义官僚主义问题，让干部心无旁骛抓紧抓实抓细各项工作，奋力夺取疫情防控和实现经济社会发展目标双胜利。

　　第二，是深化拓展基层减负工作、关心关爱基层干部的重要举措。去年，各地区各部门认真贯彻落实党中央"基层减负年"决策部署，结合"不忘初心、牢记使命"主题教育出了不少好招实招，努力为基层减负、让基层有感。去年年底，习近平总书记在中央政治局专题民主生活会上明确指出，这项工作做得不错，但不应该只是一年的事情，已经开了个头，接下来要一直这样做下去，不要什么时候又来个文山会海大回潮，要深化拓展基层减负工作，让减负成果更好惠及人民群众。今年我国发展面临的风险挑战上升，基层干部责任更重、压力更大。特别是在疫情防控斗争中，广大基层干部时刻坚守岗位、满负荷运转，在平凡岗位上作出不平凡贡献，有的甚至牺牲了宝贵的生命。对于在一线连续奋战的基层干部，尤其需要多一些理解包容、多一份关心爱护。

第三，是充分调动广大党员、干部积极性主动性创造性，实现决胜全面建成小康社会、决战脱贫攻坚目标任务的迫切要求。当今世界正经历百年未有之大变局，我国正处于实现中华民族伟大复兴关键时期。今年以来，我国发展面临的国内外形势复杂多变，疫情对我国经济社会造成较大影响，尤其是目前国际疫情持续蔓延，世界经济下行风险加剧，各种因素叠加，做好今年经济社会发展工作难度更大。这对各级党组织和广大党员、干部既是大战，也是大考。越是形势严峻复杂越需要广大党员、干部勇当先锋、敢打头阵，越是任务艰巨繁重越需要广大党员、干部主动担当、积极作为。今年脱贫攻坚要全面收官，小康社会要全面建成，原本就有不少硬仗要打，现在还要努力克服疫情影响，必须绷紧弦再加把劲。贯彻新发展理念，全面做好"六稳"等工作，把时间抢回来，把损失补回来，从危机中捕捉和创造机遇，将我国发展的巨大潜力和强大动能充分释放出来，奋力实现经济社会发展目标任务，更加需要充分调动广大党员、干部干事创业的积极性主动性创造性。

形式主义官僚主义是一个顽症，不可能毕其功于一役

当前，一些困扰基层的形式主义问题依然存在，有的十分顽固，还出现了一些新动向新表现。比如，形式主义官僚主义产生的思想根源远未根除，有的党员、干部学习党的创新理论没有真正入脑入心，贯彻落实党中央决策部署不用心、不务实、不尽力，少数干部没有牢固树立正确政绩观，贯彻新发展理念还想不清楚、弄不明白、做不到位；不担当不作为现象仍然在一定范围存在，干工作疲疲沓沓、拖拖拉拉，遇问题推诿扯皮、报喜不报忧，甚至弄虚作假、欺上瞒下。一些形式主义现象改头换面、隐形变异，有的屡禁不止，干部群众反映强烈。比如，发文件红头改白头、正式改便笺，同一议题会议层层重复开，过多要求基层提供视频图片资料作为工作佐证，调研扎堆流于形式干扰基层工作，以"属地管理"为由搞责任"甩锅"，等等。

把干部手脚从形式主义的桎梏中解脱出来

习近平总书记指出，要把干部干事创业的手脚从形式主义官僚主义的桎梏、"套路"中解脱出来，形成求真务实、清正廉洁的新风正气。面对决战决胜的艰巨任务，既要把"严"的主基调长期坚持下去，又要善于做到"三个区分开来"，加大正向激励力度，大力激发广大干部锐意进取、奋发有为的精气神。着眼营造鼓励创新、宽容失误的干事创业环境，要持续抓好激励干部担当作为有关具体措施落实，精准审慎实施谈话函询和问责，及时纠正滥用问

责、不当问责及以问责代替整改等问题，不能让做实事的干部流血流汗又流泪。对干部最大的激励是正确用人导向，要真正把政治上过得硬、善于贯彻新发展理念、制度执行力和治理能力强、"愿作为、能作为、善作为"的干部选拔出来，在重大斗争中考察识别干部，决不能亏待那些攻坚克难的"干将""闯将"。要加强对困难艰苦地区和疫情防控、脱贫攻坚一线干部的关心关爱，真正把各项待遇保障制度落到实处，建立村（社区）干部报酬动态增长机制，让基层干部有实实在在的获得感。深化理想信念教育，加强治理能力和专业能力培训，使广大党员、干部深刻认识到减负不是减担当、减责任，更不是降低工作标准和要求，自觉把初心落在行动上、把使命担在肩膀上。

点评

　　解决困扰基层的形式主义问题，首先要从认识上找根源，在思想上强根基。无论是只表态不落实、不担当不作为，还是敷衍塞责、弄虚作假，种种"病症"背后，是政绩观扭曲和理想信念缺失。思想上松一尺，行动上就会退一丈。要深刻总结经验教训，教育引导广大党员、干部自觉加强党性修养，始终坚持实事求是，牢固树立正确政绩观，牢记人民利益高于一切，切实把对上负责与对下负责统一起来。

　　破除形式主义积弊，要聚焦基层反映强烈的突出问题对症下药、精准发力。要从"关键少数"抓起改起，防止多头重复向基层派任务要表格、执行政策"一刀切"等机械做法。

要着力提高文件、会议质量，不发不切实际、内容空洞的文件，不开应景造势、不解决问题的会议，防止用形式主义做法解决形式主义问题。要进一步改进督查检查考核方式方法，从重过程向重结果转变，从以明查为主向明查暗访相结合转变，既发现问题又帮助解决问题。要发扬求真务实作风，在求深、求实、求细、求准、求效上下功夫，力戒走形式、搞过场，着力提高调查研究实效，不给基层增加负担。

把基层干部从形式主义和官僚主义的桎梏、"套路"中解脱出来，关键在形成求真务实、清正廉洁的新风正气，营造鼓励创新、宽容失误的干事创业环境。要加大正向激励力度，持续抓好激励干部担当作为有关具体措施落实；要进一步完善干部考核评价机制，树立正确用人导向，把愿作为、能作为、善作为的干部选出来、用起来；要切实关心关爱干部，把各项待遇保障制度落到实处，让基层干部有更多获得感。

半月谈七评形式主义

1

特殊时期，更要加大力度根治形式主义

为基层减负，中央再出实招。

中共中央办公厅发出《关于持续解决困扰基层的形式主义问题为决胜全面建成小康社会提供坚强作风保证的通知》（以下简称《通知》），对深化拓展基层减负工作、关心关爱基层干部进一步作出具体部署。在2019年"基层减负年"取得成效的基础上，《通知》的内容更加贴近基层实际，工作措施更实、更精准，表明中央"扭住不放"下大力气解决基层难题的决心。

在当下这个特殊时期，对于正在抗击疫情和脱贫攻坚两条战线上苦战的基层干部群众来说，《通知》来得正是时候。可以说，这是一笔不可小视的"政策红利"。

形式主义是长期困扰基层的顽疾。基层干部说得好：工作多难多苦都不怕，怕就怕上级没完没了的走形式主义。填不完的表格，统计不完的数据，写不完的工作报告，应付不过来的各种督导检查……为了这些形式主义的工作任务，有多少基层干部奔波劳累、点灯熬油，付出了身心健康的代价，消磨了为国为民奉献奋斗的一腔热情？搬掉形式主义这个"绊脚石"，就是对基层干部工作最大

的支持、最贴心的帮助。

更值得注意的是，在当下这个特殊时期，在许多地方，形式主义的"病情"非但没能缓解，某种程度上反而发作得更为猛烈。新冠肺炎疫情瞬息万变，涉及大量的人口管理，基层防控任务千头万绪，某些领导干部却仍然延续着形式主义的工作惯性，不敢担当、不愿负责，敷衍应付、作风飘浮，多头重复向基层派任务要表格，执行政策层层加码、"一刀切"……可以说，在一些地方，基层防控任务越重，来自上级形式主义的要求就越多，甚至如病毒一般呈"指数级"增长，令基层苦不堪言。

特殊时期如同"战时"，基层干部群众正在战场上冲锋，不能让他们频频跌倒在形式主义这块"绊脚石"上了！当形式主义"作风病"正在发作的时候，对形式主义这个顽疾的整治，就不能再局限于治疗"慢性病""慢慢来"的传统观念，要下猛药、出实招，切切实实让基层干部群众得到减负的获得感。中央在这个时候发出《通知》，可谓正当其时。

基层的形式主义，说到底来自上级的官僚主义。形式主义久治不愈，源于一些领导干部对基层疾苦缺乏应有的同情心和责任心。在当下这个特殊时期，防控新冠肺炎疫情是不容懈怠的生命防线，全面建成小康社会的目标更是不容拖延的庄严承诺，面对如此严峻的形势，面对生命的考问、贫困群众的考问，负有领导之责的人们该猛醒了！如同《通知》指出，必须从领导机关和领导干部抓起改起，深入查找贯彻落实党的理论和路线方针政策上存在的政治偏差，坚决纠治贯彻落实党中央决策部署中的形式主义问题。

根治形式主义问题，中央的"集结令"已经下达。接下来，就看各级领导机关和领导干部的了！

2

决不做自以为领导满意却让群众失望的蠢事

形式主义屡禁不绝。不难发现，不少形式主义闹剧，往往为了"领导满意"。

时下，无论是疫情防控期间大搞表格抗疫，多头重复向基层派任务、要表格；还是脱贫攻坚最后阶段高估甚至乱估贫困户收入，"急脱贫""撤摊子"，一些干部屡屡做出自以为领导满意却让群众失望的形式主义蠢事。

中央近日下发《关于持续解决困扰基层的形式主义问题为决胜全面建成小康社会提供坚强作风保证的通知》，提出"进一步把广大基层干部干事创业的手脚从形式主义的束缚中解脱出来""决不做自以为领导满意却让群众失望的蠢事"。整治精准，正当其时。

基层干部群众普遍认为：对上面很负责，对下面不那么负责，让领导满意，而不管群众是否满意，正是形式主义难以根治的一大因由。

在实际工作中，一些人对"领导满意"的理解变了味。有的干部唯上是从，敷衍群众，落实领导指示不过夜，而碰到群众问题躲着走；有的干部看到群众冷脸相对、腔调傲慢，门难进事难办，看到领导迥然"变脸"，态度恭谦，不仅要高接远送，还要制定每天每小时的接待计划；还有的干部不靠工作实绩、群众感受检验治理成效，而是热衷于造盆景、堆材料、"巧"汇报、演线路。结果，自以为讨了领导的欢心，却冷了群众的期待。

以"领导满意"代替"群众满意"，背后无疑是精致利己的算计和考量，关乎干部的官帽子、权把子。有干部甚至不讳言：让领导满意有用，而让群众满意没用。

"群众称赞的干部未必能提拔，将上面的领导服务好了，自己的进步会加快""累死了诚实肯干当牛做马的，提拔了虚报浮夸指鹿为马的"……在一些地方，真正排民忧、解民困的干部"仕途无亮"，而眼光一直向上的干部有利可图。这样必然难以破解形式主义顽疾，也必然消解基层工作和治理实效。

"决不做自以为领导满意却让群众失望的蠢事"这一新表述，表明了中央以人民为中心、让群众有更多获得感、让群众更具满意度的鲜明导向。

人民群众答应不答应、满意不满意，是衡量我们一切工作的标准。时下，全面建成小康社会、决战脱贫攻坚等各项工作紧锣密鼓推进，这些都需要人民群众的满意度来检验成色。

工作成绩要让群众更满意，要害在于扭转干部的不当政绩观，抓手在于让群众参与评判。只有坚持以群众满意不满意作为导向，让群众参与对干部工作实绩的评判，干部眼光才能向下，干部作风才能踏实。

要让群众满意，还要坚持结果导向。要通过干部解决问题的实效来贯彻"以人民为中心"的理念，调研要实、干事要实，特别要不唯上、只唯实，察实情、听真话，取真经、不作秀。

　　在此决战脱贫攻坚、决胜全面建成小康社会的收官阶段，广大干部唯有牢固树立正确政绩观，真正扑下身子真抓实干，才能书写人民群众满意的历史答卷。

3

少开应景造势、不解决问题的会

中共中央办公厅印发了《关于持续解决困扰基层的形式主义问题为决胜全面建成小康社会提供坚强作风保证的通知》。通知明确提出，要切实防止文山会海反弹回潮。中央层面继续发挥示范带动作用，守住精文减会的硬杠杠，对各地区各部门发文开会情况实施动态监测，对出现超发超开苗头的及时预警，确保比 2019 年只减不增。

通知专门对发文、开会提出要求，可见这不是一个小问题。近年来，我们在反对形式主义、官僚主义，改进文风会风方面，做了很多工作，取得了显著成效。与此同时，也看到，文山会海现象依然存在，在一些地区和领域甚至有成为痼疾顽症的倾向。对于不良文风、会风，基层干部群众颇感"无力"，深恶痛绝。

也许有人会说，开会有什么难的？定一个日期、发一个通知、收一堆材料、念一遍稿子、说几句表态、做一份纪要，不就"大功告成"了么？也许还有人会说，我们开了这么多会、开了这么多年的会，难道还要从头"学习"怎么开会吗？

我们必须清醒认识到：开会是一门大学问，我们必须学会开会。特别是在当前，统筹疫情防控和经济社会发展的任务相当繁重，决胜全面建成小康社会、决战脱贫攻坚时不我待，精简文山会海、高质量地开好会议尤为必要。

学会开会，就要紧紧围绕中心工作、重点工作，充分运用现代科技手段，把会开得扎实紧凑有效。当前，信息技术高度发达，远程会议、视频会议等方式相当成熟。这样开会，既可以减轻疫情防控压力，减少舟车劳顿，减少"会议排放"，也可以做到会议精神"一竿子插到底"，避免重复开会、层层传达。

这一点，中央充分发挥了表率和示范作用。2月23日召开的统筹推进新冠肺炎疫情防控和经济社会发展工作部署会议，以电视电话会议形式召开，北京主会场外，各省区市和新疆生产建设兵团以及各市（地、州、盟）、县（市、区、旗），中央和国家机关各部门、各人民团体，解放军和武警部队团级以上单位设分会场。如此重大的会议，从中央"直达"县团级，形式令人耳目一新，参会人员对会议精神了然于胸。

学会开会，就要戒除"会瘾"，切实做到"少开会、开短会、开有内容的会"。为什么一些干部、地方和部门热衷开会？一方面，这是形式主义、官僚主义作祟，认为不开会就不足以体现"重要性"；另一方面，这也是"本领恐慌"的一种体现，开展工作的方式方法单一、陈旧，不开会就"抓瞎"，只好多开会、开长会、开"形式大于内容"的会，甚至拿出"五加二、白加黑"的劲头来开会。开了很多会、下了很多文、填了很多表，却没有给基层解决一块口罩、一瓶消毒水，这就是赤裸裸的形式主义、官僚主义，就是忘记了初心和使命，必须力戒！

　　学会开会，就要少在会议室里正襟危坐开会，多去基层一线、工厂车间、田间地头开现场会、调研会、神仙会。勤跑基层的干部都有一种感觉：坐在办公室，看到的全是问题；走到基层去，找到的全是办法；基层是我们的课堂，群众是我们的老师。当前，国内外疫情防控形势千变万化，统筹经济社会发展面临的挑战很多，不了解实际情况，就难以做出正确的决策部署。即便要坐到会议室开会，也应当是在跑透基层一线后，带着一脚泥来研究问题、寻找答案。

　　学会开会，学问还有很多。说一千道一万，开会是手段，不是目的；开会是要为实际工作解决问题，不是给基层徒增负担。我们一定要严格落实中央的要求，着力提高文件、会议质量，进一步明确精文减会的标准和尺度，完善负面清单，不发不切实际、内容空洞的文件，不开应景造势、不解决问题的会议，做到真减负、减真负。

4

用实事求是给形式主义一记重拳

"决不做自以为领导满意却让群众失望的蠢事。""决不能身子进了新时代，思想还停留在过去。""不发不切实际、内容空洞的文件，不开应景造势、不解决问题的会议，做到真减负、减真负。"

中共中央办公厅发出《关于持续解决困扰基层的形式主义问题为决胜全面建成小康社会提供坚强作风保证的通知》，字里行间诸多"接地气"的表述值得细品。

在2019"基层减负年"，整治形式主义官僚主义取得明显成效，但基层干部群众对相关积弊依然深恶痛绝。形式主义官僚主义变换马甲，又有抬头趋势。

譬如，有的地方为规避滥发文件嫌疑，把红头文件改头换面，变成不加正式文号的"小文件"；有的地方借提高办公信息化程度，随意建立微信工作群、QQ办公群，迫使基层干部机不离手，生怕遗漏重要信息；有的地方签订责任状、搞"一票否决"成瘾上头，惯于将"责"交下级、"权"留自己。

形式主义官僚主义之所以难以根治甚至伺机反弹，根子在一些领导干部思想懈怠、安于守成，难以做到实事求是、与时俱进。

在抗击新冠肺炎疫情中，社会各界体会最深的一条经验就是实事求是。直面现实，不回避问题，充分发现病例；科学战疫，遵循客观规律，以医务人员意见为准绳，这些都是中国抗疫取得明显成效的关键所在。在生命考问的严峻时刻，决策者如果沉溺在形式主义、官僚主义作风之中，错失防控疫情的窗口期，必然带来社会的惨重损失。

不止重大突发社会事件，在国民经济发展的长跑中，谁能杜绝形式主义、官僚主义，保持实事求是、与时俱进的作风，谁就能成为发展的排头兵。当许多地方为行政审批"玻璃门""旋转门"头疼时，有的地方已经做到"只跑一次"；当大家在学习移植"只跑一次"经验时，有的地方探索"一次都不用跑"初见成效，治理理念高低立显，发展格局不言自明。诸如此类的求是创新，又岂是材料写出来的、开会开出来的。

当今世界正经历百年未有之大变局，中国正处于实现中华民族伟大复兴关键时期。今年以来，我们面临的国内外形势复杂多变，做好今年经济社会发展工作难度更大。越是如此，越需要广大党员、干部坚决摒弃形式主义官僚主义，从实际出发理顺社会生产关系、精准调控资源与需求，真正把时间抢回来、把损失补回来。

5

做实"三个转变"，别再一味挑毛病、随意发号令

"注意纠正阵仗声势大、层层听汇报、大范围索要台账资料等做法，从重过程向重结果转变，从以明查为主向明查暗访相结合转变，从一味挑毛病、随意发号施令向既发现问题又帮助解决问题转变，推动相关部门督查检查考核结果互认互用。"中共中央办公厅印发的《关于持续解决困扰基层的形式主义问题为决胜全面建成小康社会提供坚强作风保证的通知》对进一步改进督查检查考核方式方法提出了明确要求。

《通知》的相关要求真正戳到了督查检查考核形式主义问题的要害。督查检查考核能够改善干部队伍作风，推动各项政策落地落实，激励广大干部担当作为，是地方抓好工作落实的"指挥棒"。但是，一段时期以来，不少地方使用这根"指挥棒"时出现跑偏。

"指挥棒"务必精准，不能过多过滥。但在有的地方，督查检查考核数量多、名目多、形式主义的东西多，给基层增加了无谓的沉重负担。有的县一年接受300多次督查检查，一年的迎检资料文印费高达十几万元，许多基层干部加班加点忙于填写各类台账资

料，空耗基层干部的精力，甚至影响了主业。

"指挥棒"要督在实处、查在"七寸"、考在要害。但有的督查检查考核却坐在会议室，"深入"办公室，紧盯开了几次会、写了多少工作日志、记了多少台账、拍了多少"留痕"照片，却不深入基层，不深入群众，深层次的问题不想找、不会找。

"指挥棒"应该是上级帮助下级的"助力泵"。但有的地方通过各种名目，甚至夹带私货，用一些没有必要的督查检查考核来"责任下压"，把责任"甩锅"给基层，成为推卸责任、转嫁压力的"避风港"。

"指挥棒"要指准方向，指对方向。但在有的地方，本用来破除形式主义、改进工作促进落实的督查检查考核，却浮在表面，重痕迹，轻实绩，不仅自身跑偏，还带偏了基层，导致基层以形式主义应对形式主义，产生不良示范，造成恶性循环。

《通知》指出了关键问题，尤其是"三个转变"抓住了牛鼻子，将对基层减负、干部作风改善、治理能力提升带来明显帮助。

从重过程向重结果转变，意味着对基层的督查检查考核不再唯材料、唯台账、唯表格、唯留痕，不再只紧盯着基层干部的工作过程，而是偏重考核工作成效。这能够有效减少大量针对过程的督查检查考核，从过去的督查考核泛滥转变为考少、考精、考重点，为基层切实减轻负担。

从以明查为主向明查暗访相结合转变，意味着阵仗声势大、层层听汇报、大范围索要台账资料等做法必须被纠正，浮在表面、做样子的督查检查必须被杜绝，这既能有效减轻基层迎检、陪同的沉重负担，也能促使督查检查沉到一线，找到真问题，发现好典型，改善干部队伍作风，了解群众诉求，激励干部干事创业积极性。

从一味挑毛病、随意发号施令向既发现问题又帮助解决问题转变，意味着上级不能再一味通过督查检查把责任推给下级、甩锅给基层，既倒逼督查检查考核要深入基层调查研究，寻找解决问题的对策，更倒逼上级部门必须承担起帮助基层解决问题的职责，有效切断以形式主义整治形式主义的恶性循环。

我们坚信随着"三个转变"落实落细，整治形式主义工作将不断取得新成效。

6

反形式主义，要让基层发出真实的声音

中办印发《关于持续解决困扰基层的形式主义问题为决胜全面建成小康社会提供坚强作风保证的通知》以来，半月谈独家推出深度解读和系列评论文章，引起广大干部群众热烈讨论。在半月谈微信后台，每篇文章留言都达到近千条。

形式主义、官僚主义多年来让基层苦不堪言。从网上留言看，在当前这个战疫战贫的关键时刻，基层迫切希望根治形式主义能取得明显成效，让广大基层干部群众能全力投入打好战疫"加时赛"，跑好脱贫攻坚决战决胜冲刺阶段的关键一程。

根治形式主义涉及一些操作中的难点，比如大家都是在忙工作，谁来判定什么是扎实工作，什么是形式主义？怎样防止以形式主义反形式主义？这是基层干部群众在半月谈留言中最值得关注的两个话题。

形式主义的根源在于官僚主义，形式主义问题容易反复滋生，原因在于官僚主义隐藏在上级下达的诸多工作任务之中，难以在第一时间被识别和纠正。

怎么判断形式主义？中办印发的通知中，有一句话振聋发聩：

"决不做自以为领导满意却让群众失望的蠢事"。这句话，既包含了诊断形式主义病症的重要指征——群众失望，也揭示了形式主义症状产生的来源——自以为领导满意。

如何防止以形式主义反形式主义？许多基层干部群众指出，必须让基层干群的话语权得以落实，让形式主义在第一时间得到"鉴别"和纠正。达成减少形式主义工作的目标，不能仅仅指望"装睡"的庸政懒政者猛醒，当有制度保障：让基层干部群众有说话的地方，要让基层的发言真正管用。

如何根治形式主义，基层干部群众最有发言权。但是，目前在基层一些地方，反映问题仍然存在不愿说、不敢说、不多说的问题。《半月谈》不久前一篇报道曾显示，基层一些地方反映问题如"迎风吐口水"，最后自己成了被解决的问题。这导致基层有怨无声，形式主义于是肆无忌惮、大行其道。

如何让基层干部敢于发声，让基层干部群众话语权得到应有的体现？许多基层干部建议，有关部门牵头构建一个基层可以直接反馈形式主义问题的系统化机制，引入"第三方"理念，为基层干部群众构建畅通安全绿色的发声通道。只要基层干部心声能有效传达，典型案例能在第一时间得以曝光处理，形式主义官僚主义就面临足够大的风险，一些作风飘浮的领导干部就会放弃投机，把注意力真正放到提高干事创业本领、解决实际问题上。

基层的事，基层干部群众最明白。根治形式主义顽症，一定要让基层发出真实的声音！

7

用改革减少"甩锅"，为基层"放权赋能"

从曾经的"上面千条线，下面一根针"，到如今的"上面千把锤，下面一根钉""上面千把刀，下面一颗头"，基层治理中，一些地方习惯了责任层层"下推"，但却并未把权力同步"下放"。国家治理体系和治理能力现代化加快推进之际，深化"治理改革"为基层放权"赋能"，需要尽早提上日程。

必要的压力传导，原本是推动工作落实的必要之举。然而，有的地方，压实责任被异化为"层层加码""责任甩锅"，半月谈记者的相关调研显示：督查检查"甩锅"，转发文件"甩锅"，分配任务也"甩锅"，"锅锅"砸向基层，让基层难堪重负。"你能甩责任，我就瞎对付"，一些地方由此出现了基层治理异化。

"甩锅"频出，本质上是权责失衡。当前，深化"治理改革"，就是要厘清不同层级、部门、岗位之间的职责边界，按照权责一致要求，建立健全责任清单，科学规范"属地管理"，防止层层向基层转嫁责任。只有有效扭转"执法权限在上级、责任归属在基层，落实管理在基层，实际收益在部门"等失衡问题，才能让基层治理进一步权责分明、权责对等，避免基层干部总要忙碌于各种繁杂琐碎的"推责"工作中，费力、费时、伤神。

深化"治理改革"，同样需要多总结一些地方的新鲜经验，进一步向基层放权赋能，加快制定赋权清单，推动更多社会资源、管理权限和民生服务下放到基层，人力物力财力投放到基层。基层治理中，"放权赋能"贵在落于细处、落于具体的事项之中，绝不能"口号震天响，改变没多少"。

"放权赋能"，对应着具体的能力和水平要求。加强城乡社区服务和管理能力建设，构建基层智慧治理体系，提升基层公共服务、矛盾化解、应急管理水平……这些，都要有务实之举、管用之策，要为"赋能"真正提供更多"可能"。

"放权赋能"，放得下，也要接得好、接得稳。这就要求各级领导机关要打破开展工作的传统路径依赖，切实把领导方式和工作方法转到现代、科学、法治的轨道上来。革故鼎新，要用新的思维方式、工作方法取代"老传统""老办法"，才能实现基层治理的现代化、法治化"破局"。

一分部署，九分落实。基层干部是直接面向群众的一线力量，是中央各类政策、各项工作连接百姓的"最后一公里"的关键所在。当前，深化"治理改革"为基层"放权赋能"，加快研究制定加强基层治理体系和治理能力现代化建设的政策文件，构建党的领导、人民当家作主和依法治理有机统一的基层治理体制机制，既是基层治理的客观需要，也是加快推进国家治理体系和治理能力现代化的必然要求。

"治理改革"迫在眉睫、"放权赋能"刻不容缓。中共中央办公厅近日印发的《关于持续解决困扰基层的形式主义问题为决胜全面建成小康社会提供坚强作风保证的通知》中，已对"治理改革"指明方向，期待各地以更多"放权赋能"的鲜活探索，回应公众期待、社会关切。

附：

中央八项规定

　　2012 年 12 月 4 日，中央政治局召开会议，审议通过中央政治局关于改进工作作风、密切联系群众的八项规定：

　　一、中央政治局全体同志要改进调查研究，到基层调研要深入了解真实情况，总结经验、研究问题、解决困难、指导工作，向群众学习、向实践学习，多同群众座谈，多同干部谈心，多商量讨论，多解剖典型，多到困难和矛盾集中、群众意见多的地方去，切忌走过场、搞形式主义；要轻车简从、减少陪同、简化接待，不张贴悬挂标语横幅，不安排群众迎送，不铺设迎宾地毯，不摆放花草，不安排宴请。

　　二、要精简会议活动，切实改进会风，严格控制以中央名义召开的各类全国性会议和举行的重大活动，不开泛泛部署工作和提要求的会，未经中央批准一律不出席各类剪彩、奠基活动和庆祝会、纪念会、表彰会、博览会、研讨会及各类论坛；提高会议实效，开短会、讲短话，力戒空话、套话。

三、要精简文件简报，切实改进文风，没有实质内容、可发可不发的文件、简报一律不发。

四、要规范出访活动，从外交工作大局需要出发合理安排出访活动，严格控制出访随行人员，严格按照规定乘坐交通工具，一般不安排中资机构、华侨华人、留学生代表等到机场迎送。

五、要改进警卫工作，坚持有利于联系群众的原则，减少交通管制，一般情况下不得封路、不清场闭馆。

六、要改进新闻报道，中央政治局同志出席会议和活动应根据工作需要、新闻价值、社会效果决定是否报道，进一步压缩报道的数量、字数、时长。

七、要严格文稿发表，除中央统一安排外，个人不公开出版著作、讲话单行本，不发贺信、贺电，不题词、题字。

八、要厉行勤俭节约，严格遵守廉洁从政有关规定，严格执行住房、车辆配备等有关工作和生活待遇的规定。

《关于在全党开展深入贯彻中央八项规定精神学习教育的通知》

近日，中共中央办公厅印发《关于在全党开展深入贯彻中央八项规定精神学习教育的通知》（以下简称《通知》）。

《通知》指出，为贯彻落实党的二十届三中全会部署，巩固拓展学习贯彻习近平新时代中国特色社会主义思想主题教育成果，巩固深化党纪学习教育成果，锲而不舍落实中央八项规定精神，推进作风建设常态化长效化，经党中央同意，在全党开展深入贯彻中央八项规定精神学习教育（以下简称"学习教育"）。学习教育于2025年全国两会后启动、7月底前基本结束。

《通知》明确，要坚持以习近平新时代中国特色社会主义思想为指导，持续深化党的创新理论武装，组织全党认真学习领会习近平总书记关于加强党的作风建设的重要论述，学习领会和贯彻落实中央八项规定及其实施细则精神，系统总结党的十八大以来深入贯彻中央八项规定精神取得的显著成效，集中整治违反中央八项规定及其实施细则精神的突出问题，运用由风及腐案例加强警示教育，引导党员、干部锤炼党性、提高思想觉悟，密切党群干群关系，以作风建设新成效推动保持党的先进性纯洁性、不断赢得人民群众信任拥护，为进一步全面深化改革、推进中国式现代化提供有力保障。

《通知》强调，坚持聚焦主题、简约务实，不分批次、不划阶段，一体推进学查改，融入日常、抓在经常。学习研讨要组织学习习近平总书记关于加强党的作风建设的重要论述和中央八项规定及其实施细则精神，总结学习深入贯彻中央八项规定精神的成效和经验，提高认识、增强信心，坚定不移抓好落实。查摆问题要通过对标对表查摆，充分运用纪检监察、巡视巡察、审计监督、财会监督、督促检查、调查研究、信访反映等途径，全面深入查找落实中央八项规定及其实施细则精神方面存在的问题。集中整治要坚持有什么问题就解决什么问题，什么问题突出就重点整治什么问题，立查立改、即知即改。开门教育要注重群众参与，接受群众监督，各级领导干部要带头走好新时代党的群众路线，组织党员、干部立足岗位，在推动高质量发展、加强基层治理、完成急难险重任务中担当作为、服务群众，让群众可感可及。

《通知》要求，各级党委（党组）要对本地区本部门本单位学习教育负总责，党委（党组）主要负责同志要担负起第一责任人责任，紧密结合中心工作，精心组织实施，加强分类指导，做好宣传引导，坚决反对形式主义。

（来源：新华社　发布时间：2025 年 3 月 17 日）

扫二维码阅读相关内容

《关于持续解决困扰基层的形式主义问题为决胜全面建成小康社会提供坚强作风保证的通知》

《整治形式主义为基层减负若干规定》答记者问

为基层减负赋能　促干部实干担当

如何理解对搞形式主义、官僚主义行为的处分规定

《关于防治"指尖上的形式主义"的若干意见》

防止形式主义披上电子外衣

如此"依规办事"，不行

"一刀切"要不得

假把式搞不成真发展

任性用权吞苦果

"形象工程"毁形象

后　记

参加本书调研撰写工作的同志有：惠小勇、梁建强、周楠、范世辉、赵阳、高皓亮、邵琨、陈晨、李浩、张亮、范帆、郑生竹、陆华东、陈文广、刘巍巍、邱冰清、陈国洲、周闻韬、阳建、李雄鹰、曹祎铭、黄毅、王毅、黄卧云、管建涛、杨思琪、朱翃、沈汝发、陈刚、王昆、王军伟、李斌、张玉洁、向定杰、谭元斌、余贤红、徐海波、梁晓飞、刘良恒、白田田、周畅、李劲峰、张丽娜、谭畅、韩振、吕梦琦、王井怀、孙亮全、蒋芳、杨静、董建国、杨金志、萧海川、王新亚、许小丹、高远至、许中科、原碧霞等同志。

本书编写过程中得到了有关部门和高校的专家学者、广大基层干部的大力支持。

对以上同志的付出一并表示感谢。

本书由孙爱东、高远至、许中科同志负责策划、统稿、编校，编写工作由叶俊东同志主持。

本书再版时对附录内容进行了修订完善。

编　者

2025 年 3 月 25 日

责任编辑：陈百万

封面设计：林芝玉

版式设计：汪　莹

责任校对：马　婕

图书在版编目（CIP）数据

反对形式主义 30 讲 / 半月谈杂志社　著 . — 北京：人民出版社，2025.3

ISBN 978 - 7 - 01 - 022131 - 1

I.①反…　 II.①半…　 III.①中国共产党 - 思想建设 - 学习参考资料

　IV.① D261

中国版本图书馆 CIP 数据核字（2020）第 080721 号

反对形式主义 30 讲

FANDUI XINGSHI ZHUYI 30 JIANG

半月谈杂志社　著

人民出版社 出版发行

（100706　北京市东城区隆福寺街 99 号）

北京汇林印务有限公司印刷　新华书店经销

2025 年 3 月第 2 版　2025 年 3 月北京第 1 次印刷

开本：710 毫米 × 1000 毫米 1/16　印张：13.5

字数：150 千字

ISBN 978 - 7 - 01 - 022131 - 1　定价：52.00 元

邮购地址 100706　北京市东城区隆福寺街 99 号

人民东方图书销售中心　电话（010）65250042　65289539